AF317844

ELOGE

DU MARÉCHAL

DE VAUBAN,

PIECE QUI A CONCOURU
pour le Prix de l'Académie Françoise,
en 1787.

Par M. A. L. D'ANTILLY.

A PARIS,

De l'Imprimerie de DEMONVILLE, Imprimeur
de l'Académie Françoise, rue Christine.

M. DCC. LXXXVII.

PRÉFACE.

Un mouvement d'enthoufiafme a fait naître cet Ouvrage ; je l'expofe aux regards du Public tel qu'il a été envoyé au Concours, tel que je l'ai lu dans différentes Sociétés, tel que je le ferois encore, fi j'entreprenois de l'écrire. On y trouvera des notes dont je garantis la fidélité, & qui font d'autant plus intéreffantes, qu'elles indiquent la fource féconde & bienfaifante où je les ai puifées.

Ce feroit peut-être l'occafion de parler des difficultés que préfentoit l'éloge d'un des plus grands Hommes que la France ait produit ; mais il ne faut point répandre le découragement parmi les Athlétes qui fe propofent d'entrer en lice.

A ij

Quant à moi, j'en fors avec la fatisfaction d'avoir payé ma dette à la mémoire de VAUBAN , l'efpérance que les Orateurs de la Patrie compoferont enfin une hymne digne de fes mânes , & l'impatience de la chanter moi-même auprès de fon tombeau.

ELOGE

DU MARÉCHAL

DE VAUBAN.

Qu'est-ce qu'un grand Homme ? C'est celui qui a montré, pendant le cours de sa vie, de grandes vertus ou de grands talens. Plusieurs avenues conduisent donc à la gloire.

Dans ces temps d'innocence & de paix, où les devoirs que prescrit la nature n'avoient point encore été décorés du titre fastueux de vertu, il existoit déjà une sorte de grandeur. Pour l'atteindre, il ne suffisoit pas

d'avoir refpecté le champ de fon voifin;
d'avoir offert chaque année au ciel les
prémices de fa récolte, d'avoir ré-
chauffé contre fon fein la vieilleffe
d'un père expirant ; d'avoir été fidèle
à la compagne qu'on avoit rendue féconde : il falloit s'être fignalé par la
force, l'adreffe, ou le courage.

Mais lorfque ces peuples bergers fe
furent renfermés dans des villes, la grandeur confifta dans la pratique des devoirs
de l'homme envers fon femblable.

Il y eut bientôt une nouvelle grandeur, devant laquelle toutes les autres
difparurent. Un Conquérant , à la
tête d'une armée formidable, fut proclamé grand par des Peuples qu'il venoit de foumettre , & qui, tremblans &
à genoux, croyoient lui offrir trop peu
encore pour la vie qu'il vouloit bien
leur conferver.

La flatterie, prodiguant enfuite ce titre à ceux qu'elle cherchoit à corrompre, la plus petite ville eut fes grands Hommes. Les lauriers, arrachés de toutes parts, & pliés en couronnes, devinrent trop rares pour ceux dont ils devoient ceindre la tête. La gloire fut alors le partage de quiconque daigna la rechercher. Mais, trop partagée, elle s'affoiblit au point que fes rayons ne jetèrent plus qu'une lumière pâle & incertaine, qui difparut tout à fait lorfque la Philofophie commença à éclairer de fon flambeau le genre humain.

Que devinrent, à cette époque, tous ces grands Hommes des générations paffées ? Leurs noms furent rayés des tables où ils avoient été infcrits ; leurs ftatues renverfées & mutilées n'excitèrent plus que le mépris ou la dérifion; & les monumens que leur avoient élevés la précipitation, l'ignorance, l'adulation ou la crainte, difperfés çà & là, n'eurent pas même l'honneur d'avoir été détruits par la main du temps.

Il ne faut pas croire cependant que cette profcription ait été générale. La Philofophie, toujours équitable dans fes jugemens, fut diftinguer, parmi cette foule d'ufurpateurs du plus beau de tous les titres, ceux qui y avoient eu des droits réels. Alors les hommes, n'ayant plus qu'une feule & même idée de la véritable grandeur, celui qui fut grand dans fa Patrie, le devint auffi-tôt aux yeux de tout l'Univers. Alors Alexandre, Ariftide, Socrate, Marc-Aurèle, Euclide devinrent égaux par le culte & les hommages.

Parmi les Héros françois qui méritèrent depuis de s'asseoir au temple de l'Immortalité, VAUBAN, placé auprès d'Archimède, de Colbert, & de Sully, jouissoit paisiblement des honneurs dus à ses talens militaires & à ses vertus patriotiques, lorsque quelques téméraires ont essayé de l'en dépouiller.

Qui le croiroit? Au moment où la renommée a annoncé que VAUBAN devoit être l'objet d'un Eloge public, l'Envie a tourné toute sa furie contre sa mémoire; elle s'est approchée des monumens que la postérité reconnoissante lui a élevés; elle y a porté ces mains impures qui souillent tout ce qu'elles touchent : mais trouvant l'édifice de sa gloire inébranlable, elle a dit en rugissant : Qu'a-t-il donc fait pour qu'on rende à sa cendre des honneurs extraordinaires? De quelle découverte a-t-il enrichi sa Patrie? François, brifez les couronnes qu'on lui prépare, ou craignez qu'on ne vous accuse de ne vous créér ainsi de grands Hommes que parce que vous en manquez !

Impitoyable Envie ! depuis quand cherches - tu tes victimes parmi les morts ? As-tu donc oublié que, semblable au tigre qui ne dévore que les animaux dont il a fait couler le sang & vu palpiter les chairs, tu ne te repais que de créatures vivantes ?

Oh ! s'ils existoient encore, ces hommes éloquens, à qui seuls il appartenoit sans doute de célébrer les Héros du plus beau de tous les siècles, les mânes de VAUBAN seroient bientôt vengés ! ou s'il pouvoit renaître cet Orateur véhément & sublime, qui, après avoir consacré sa vie entière à chanter les vertus, fut surpris par la mort au moment où il écrivoit en vers pompeux les hauts faits du rival de Charles XII.... Souhaits inutiles! la cendre de Thomas eft infenfible à ma prière, & le Ciel n'accordera point à mes vœux ce qu'il a refufé aux larmes des Savans dont il partagea les travaux & l'illuftration.

Eh bien, puifque fon génie ne peut arriver jufqu'à moi, c'eft toi que j'invoque en ce moment, vérité religieufe! Toi fans qui l'éloge des grands Hommes n'eft qu'un outrage à leur mémoire, prête-moi ta force; verfe fur moi ta lumière. Rien ne manquera à la grandeur de VAUBAN, fi tu permets que je trace l'hiftoire fidèle de fes actions.

PREMIÈRE PARTIE.

La famille (1) des le Prêtre jouiffoit depuis long-temps de l'illuftration qui s'acquiert par les armes, lorfque VAU-

BAN naquit. C'eſt alors, qu'après avoir été la défenſe & le ſoutien de l'Etat, elle en devint la bienfaitrice.

VAUBAN connut de bonne heure tout le prix de la nobleſſe (2); mais en même temps il ne la regarda que comme un riche héritage, dont il devoit augmenter la valeur. Les Héros n'ont point d'enfance : la ſienne ne dura qu'un inſtant. Il fut homme au moment où l'on eſt à peine adoleſcent ; il eut la paſſion de la gloire à l'âge où l'on eſt ſans déſirs ; il la cherchoit par - tout avant de connoître le chemin qui y conduit. N'en doutons pas : cette impatience, cette précipitation furent ſeules la cauſe de ſes égaremens (3).

Qu'on ne s'attende point que, par une foibleſſe trop commune aux Orateurs, je laiſſe dans l'abîme des temps ces jours de preſtige où VAUBAN parut oublier que la fidélité à ſon Prince eſt le plus auguſte de tous les devoirs. La célébrité ne doit pas plus être l'excuſe d'une faute, que l'Hiſtorien d'un grand Homme ne doit craindre de publier ſes erreurs. Il eſt bon que ceux qui ont la noble envie de les imiter ſachent que le blâme & l'éloge les attendent également après leur mort.

Séduit par l'honneur de ſervir ſous un Prince qui joignoit à l'avantage d'être iſſu du ſang de nos Rois, la réputation du plus grand Capitaine de l'Europe, & le titre de Généraliſſime des armées d'Eſpagne ; certain d'apprendre, ſous un tel Maître, l'art pénible de la guerre ; encouragé par l'exemple de rebellion que donnoit le premier Sujet de l'Etat ; Vauban va ſe ranger ſous les drapeaux de Condé ; & ſa valeur prouve bientôt qu'il eſt digne d'être le compagnon de ſes armes. Plus le péril eſt grand, plus il le brave ; plus la mort eſt certaine, plus il trouve de gloire à l'affronter. En vain cherche-t-on à réprimer ſon courage ; en vain lui défend-on de ſe livrer à une témérité qui expofe fes jours ; s'il obéit, c'eft avec le défefpoir de ne pouvoir payer de tout fon fang un inftant de célébrité.

Les troupes victorieufes de Condé avoient déjà renverfé les murs de Château-Porcien & de Réthel. Ce Prince marche à de nouvelles conquêtes ; VAUBAN le fuit. Sainte-Ménéhould, inveftie de toutes parts, eft fur le point d'offrir fes clefs au vainqueur. Elle fait pourtant un dernier effort pour reculer fa perte. VAUBAN, à la vue des affiégés, fous le feu d'une artillerie nombreufe, fe précipite dans le fleuve qui fépare les combattans, le paffe à la nage, & va braver les ennemis jufqu'aux pieds de fes remparts, qui tombent enfin devant Condé.

VAUBAN, foumis, comme tous les hommes, à ces révolutions tardives, mais impérieufes, que les années amènent avec elles, & familiarifé avec les combats, ne voit déjà plus rien dans le choc de deux armées qui foit digne de fon courage. Le péril y eft le même pour trop de perfonnes, ou, pour mieux dire, il n'eft pas affez grand pour lui. Mais braver avec férénité la foudre qui tonne du haut d'une ville défendue par cent bouches d'airain ; aller de fang froid, & le plus fouvent feul, en reconnoître les dehors; marcher avec intrépidité fur ces voûtes où le fal-pêtre & la poudre, n'attendent que le feu qui doit les embrafer pour fe chan-ger en volcans, & jeter au loin la mort & la deftruction ; élever fur ce même terrain des ouvrages fans ceffe renverfés, & fans ceffe relevés ; bâtir enfin, à la vue de l'ennemi, une place auffi forte que celle où il fe tient enfer-mé : voilà ce qu'il faut déformais au courage, au génie de Vauban.

Le moment de l'erreur étoit paffé. Vauban, pris les armes à la main (4), rendu à fa Patrie, encouragé par un Miniftre qui favoit entretenir l'émulation dans tous les cœurs , marche enfin fous les bannières de fon Roi. Témoin des exploits de Turenne & de la Ferté , il les aide à mettre en fuite ces mêmes légions que commandoit Condé , & fe montre , une feconde fois en vainqueur , devant ces mêmes villes qui avoient été déjà victimes de fon intrépidité.

Vervins , Réthel , Commercy ont à peine ouvert leurs portes , que Turenne fait fommer Sainte - Ménéhould de fe rendre. Cette place eft de nouveau le théâtre des exploits de notre Héros ; mais ce n'eft plus en rebelle qu'il s'y montre. VAUBAN , fous les ordres d'un grand Capitaine , en préfence de fon Roi , dirige , en qualité d'Ingénieur en fecond , les travaux du fiége , & Sainte-Ménéhould tombe au pouvoir de Louis XIV.

Il eft un inftinct impérieux qui tour- mente fans ceffe les hommes , qui leur commande , qui les preffe , les agite & les porte , pour ainfi dire malgré eux ,

vers

vers l'objet pour lequel ils femblent être nés. Ptolomée, dans le filence & l'obfcurité de la nuit, promène fes regards fur ces corps lumineux qu'une puiffance invifible a fufpendus au deffus de nos têtes ; il eft frappé d'admiration. Bientôt, s'élevant aux plus hautes régions, il ofe porter le compas dans les cieux, & foumettre à des calculs, inconnus jufqu'alors, la courfe des aftres les plus éloignés. Chriftophe Colomb, du fommet d'un rocher contre lequel la vague fe brife, contemple l'Océan, qui fert de borne à l'Europe. Les yeux fixés à l'horizon, qui fuit & fe recule, il foupçonne, il entrevoit un nouvel Univers, & l'Amérique eft découverte. VAUBAN, au milieu des débris d'un rempart que foudroye encore le canon de l'ennemi, fent naître dans fon cœur la paffion de l'art qu'il devoit porter fi loin ; c'eft là qu'il en médite les fe-crets ; c'eft là qu'il fait vœu de lui con-facrer fa vie entière ; c'eft là qu'éprouvant le sentiment de ce qu'il doit être un jour, il songe déjà à devenir *créateur* dans une Science dont les siècles passés avoient fixé les limites.

L'art de mener les hommes aux combats, de les former en corps, de leur apprendre à donner la mort avec promptitude, ou de l'éviter avec adresse, avoit été, depuis long-temps, réduit en principes; & cet art funeste avoit successivement parcouru & ravagé toutes les parties de l'Univers, que celui de fortifier les villes étoit encore au berceau. Ne croyons pas que cette ignorance fût l'effet d'un sentiment d'humanité de la part des attaquans, ou de confiance de la part des attaqués. Le génie des Guerriers, plus exercé sans doute à détruire qu'à conserver, avoit fait très-peu de progrès dans ce genre d'Architecture, qu'il regarda peut-être alors comme le signe extérieur de la crainte.

A quoi se réduisirent donc les fortifications de ces temps ? A entourer les villes de murailles épaisses, & défendues, de distance en distance, par des tours plus épaisses encore ; à creuser devant ces murailles des fossés profonds, qu'on inondoit à volonté, & dans lesquels on voyoit couler avec impétuosité, à travers un lit étranger, les eaux d'un fleuve que la main des hommes avoit détourné de son cours naturel. Ailleurs, des habitans, plongés dans le sommeil, abandonnoient le soin de leur défense à des marais fétides dont ils entretenoient la fange & l'humidité, & qui, après les avoir protégés contre les surprises & les invasions, devenoient pour eux l'ennemi le plus redoutable, par les exhalaisons pestilentielles qui en émanoient.

Des montagnes escarpées se virent aussi couronnées de cités opulentes, qu'elles rendirent quelquefois respectables, & devant lesquelles de nombreufes armées rencontrèrent le terme de leurs profpérités.

Si, comme on vient de le voir, l'art de fortifier les places n'étoit autre chofe que la fcience de tirer tout le parti poffible des moyens de défenfe offerts par la nature, celui de les attaquer étoit plus imparfait encore ; de forte que la même proportion exiftoit à peu près des deux côtés, avec cette différence cependant que l'affiégeant perdoit trois fois plus de monde que l'affiégé, quoiqu'ils employaffent l'un & l'autre, avec la même habileté, l'eau, le fer, & le feu.

Il faut néceffairement en conclure que les fiéges étoient infiniment plus meurtriers alors que de nos jours. Auffi les annales des maffacres commis par les hommes envers leurs femblables, ne parlent-elles que de villes faccagées, après avoir été prifes d'affaut, & d'armées entières enfevelies au pied des villes où elles croyoient entrer victorieufes.

Ces événemens deviennent plus rares à mesure qu'on avance vers les beaux siècles de l'Europe. Mais à quelle époque disparoissent - ils tout à fait des fastes de la haîne & des querelles des Nations ? A celle où le hasard, tout à la fois funeste & heureux, mit la foudre dans la main de l'homme.

De toutes les révolutions arrivées sur le globe, celle que produisit l'usage des armes à feu fut, sans contredit, la plus prompte & la plus générale. Aux premiers coups de canon, l'alarme se répand d'un bout de l'Univers à l'autre ; mais elle ne dure qu'un instant. Le Géomètre, moins prompt à s'effrayer, n'a pas plutôt vu les effets de cette infernale découverte, qu'il a déjà trouvé les moyens de les rendre moins terribles. Aussi-tôt on donne plus d'élévation aux remparts, plus de profondeur aux fossés. Les anciennes tours font abattues, & remplacées par des bastions ; & les villes, revêtues d'ouvrages extérieurs, deviennent inaccesfibles à l'ennemi, qui n'ofe plus en approcher.

Déjà la fcience des fortifications a une théorie (5); déjà les Pagan & les Deville font mis au nombre des Maîtres célèbres qui l'enfeignent. Mais malheufement ces grands Hommes s'arrêtent, foit qu'ils fe trouvent fatigués des premiers pas qu'ils ont faits, foit qu'ils fe croyent aux extrémités de la carrière où ils font entrés; & l'endroit où ils fe repofent fert de limites à un art prefque naiffant.

VAUBAN s'en aperçoit, & il ofe concevoir le projet de les reculer. En vain lui oppofe-t-on l'ufage; en vain cherche-t-on à lui impofer la fervitude des principes, des méthodes, des fyftêmes... fon génie franchit l'efpace étroit dans lequel l'ignorance ou la jaloufie cherchent à le tenir captif, & renverfe tous les obftacles qu'il rencontre.

Ces obftacles étoient grands; ils renaiſſoient à chaque inſtant des anciennes opinions, des vieilles pratiques, dont le joug étoit devenu d'autant plus reſpectable, qu'il avoit été ſupporté par les ſiècles précédens. Voilà les ennemis qu'eut à combattre notre Héros. S'il les terraſſa, ce ne fut point en les attaquant à force ouverte, mais en employant l'adreſſe & la ruſe, ces armes ſi puiſſantes entre les mains de qui ſait s'en ſervir.

Il faut convenir que les circonſtances dans leſquelles ſe trouva VAUBAN, ne contribuèrent pas peu au développement de ſes talens. Né ſous un Roi belliqueux; né dans un ſiècle où l'on vit les Nations les plus puiſſantes ſe liguer pour arrêter le cours des proſpérités d'un Prince qui paroiſſoit méditer la conquête de l'Europe entière, il eut plus qu'un autre l'occaſion de répéter ces expériences heureuſes qui précèdent & préparent les découvertes.

Celles que fit VAUBAN dans les différens fiéges qu'il dirigea en chef, ne pouvoient manquer le but qu'il fe propofoit, celui de réformer le fyftême des fortifications. Les fuccès, qui les couronnèrent prefque toutes, ne tardèrent pas à exciter l'admiration des grands Capitaines fous lefquels il eut d'abord l'honneur de fervir, & dont il partagea enfuite, en égal, les travaux & la gloire.

C'eft déformais parmi cette foule de Héros (6) qui portèrent fi haut, fous Louis-le-Grand, l'éclat de la Monarchie françoife ; c'eft auprès de la perfonne augufte de ce Roi guerrier qu'il faut chercher Vauban ; c'eft là qu'il faut le voir, recevant immédiatement les ordres de fon Prince, lui foumettant le plan de l'attaque du lendemain, ofant lui dire fon avis avec cette noble franchife qui n'appartient & n'eft permife qu'à l'homme certain de fes opérations.

La Ferté, Turenne, d'Hocquincourt,

Fabert, Schomberg , d'Humières , la Feuillade, Luxembourg , de Lorges ; voilà les noms célèbres auxquels Vau-ban vient d'affocier le fien ; voilà les Généraux qu'il a pour émules dans le chemin de l'honneur. C'eft de concert avec eux qu'il va lancer la foudre fur les villes ennemies ou rebelles, dont Louis le Grand a réfolu la perte. Déjà Stenay eft inveftie de toutes parts ; après un fiége de trente jours , après la ré-fiftance la plus opiniâtre & la plus meur-trière, elle eft obligée de capituler.

Clermont imite fon exemple. Lan-drecy, après dix-neuf jours de tranchée ouverte , voit flotter nos drapeaux fur fes remparts.

Condé, Saint - Guillain , Maubeuge font attaquées. En vain fondent - elles leur falut fur les nombreufes garnifons qui les défendent , fur l'expérience des Officiers qui y commandent , fur les triples murailles qui les entourent : Vau-ban leur prouve que, là où il eft, la fcience & la valeur deviennent inutiles, & les force d'implorer la clémence du vainqueur.

Montmédy eft fommée de fe rendre; Montmédy, l'une des plus fortes places du Luxembourg, & par les ouvrages qui la défendent, & par la nature de fa pofition, ofe, du fommet du roc fur lequel elle eft affife, braver nos armées victorieufes. VAUBAN, ne confultant que la gloire de fon Maître, dont il fe croit déjà dépofitaire, anime de l'exemple le foldat, fe porte dans les endroits les plus périlleux (7). Trois fois bleffé, il retourne à l'attaque, & trace de fon fang le chemin de la victoire. Montmédy, fur le point d'être enlevée, demande les honneurs de la capitulation, & vient humblement offrir fes clefs.

Saint-Venant, Ardres, Mardick fubiffent le même fort.

Mais ces exploits ne font pas affez grands pour notre Héros.

Valenciennes eft le lieu où il va mettre en ufage toutes les reffources de fon génie.

Qu'il me foit permis ici d'emprunter les expreffions du célèbre Ecrivain qui nous a tranfmis les circonftances incroyables de ce fiége.

« Le Roi (Louis XIV) y affiftoit en
» perfonne, ayant avec lui fon frère &
» cinq Maréchaux de France, d'Hu-
» mières, Schomberg, la Feuillade,
» Luxembourg & de Lorges. Les Ma-
» réchaux commandoient chacun leur
» jour : VAUBAN dirigeoit toutes les opé-
» rations.

» On n'avoit pris encore aucun des
» dehors de la place ; il falloit d'abord
» attaquer deux demi - lunes : derrière
» ces demi-lunes étoit un grand ouvrage
» couronné, paliffadé, fraifé, & entouré
» d'un foffé coupé de plufieurs traverfes.
» Cet ouvrage en renfermoit un abfo-
» lument femblable, mais plus petit. Il
» fallut, après s'être rendu maître de
» tous ces retranchemens, franchir un

» bras de l'Escaut. Ce bras franchi, on
» rencontroit de nouveaux ouvrages,
» derrière lesquels couloit avec rapidité
» l'Escaut, dont le lit profond présen-
» toit un fossé dangereux à traverser.
» Tous ces ouvrages étoient hérissés de
» canons ; enfin une garnison de trois
» mille hommes annonçoit une défense
» opiniâtre ».

Le Roi assemble son Conseil de guerre, pour délibérer sur l'attaque des ouvrages du dehors ; tous les avis se réunissent pour qu'elle se fasse pendant la nuit. Le secret de l'entreprise, la sûreté du soldat, que l'obscurité doit protéger, dont elle doit ménager le sang, en rendant les coups des assiégés moins certains ; l'usage enfin, ce tyran qui règne sur les Rois comme sur les hommes, tout semble exiger qu'on défère à cette opinion.

Louis alloit s'y rendre, lorsque Vauban proposa de la faire en plein jour. Seul de son sentiment, au milieu d'un

Sénat militaire compofé de Généraux courbés fous le poids des ans & des lauriers, fous les yeux d'un Miniftre févère, dont le regard lui fait affez connoître qu'il défapprouve fa témérité; en préfence d'un Prince environné de l'éclat de la Majefté royale & de la pompe de fes victoires, il ofe élever la voix. « Voulez-vous, dit-il, ménager le fang » du foldat? vous l'épargnerez bien » davantage quand il combattra de jour, » fans confufion & fans tumulte, fans » craindre qu'une partie de nos gens ne » tire fur l'autre, comme il n'arrive que » trop fouvent. Il s'agit de furprendre » l'ennemi; il s'attend aux attaques de » nuit: nous le furprendrons en effet, » lorfqu'il faudra, qu'épuifé des fatigues » d'une veille, il foutienne les efforts » de nos troupes fraîches. Ajoutez à » cette raifon, que s'il y a, dans cette » armée, des foldats de peu de courage, » la nuit favorife leur timidité; mais » que, pendant le jour, l'œil du Maître

» inspire la valeur & élève les hommes
» au-deffus d'eux-mêmes ».

Cette éloquence noble & fimple
perfuade Louis XIV. L'attaque eft or-
donnée auffi-tôt: les ouvrages font for-
cés, la ville eft prife d'affaut ; & Louis,
proclamé vainqueur dans Valenciennes,
doute encore de la réalité de fa victoire.

Vous qui approchez les perfonnes
facrées que le Ciel a chargées du foin
pénible de gouverner les hommes; vous
qui, par une timidité puniffable, n'avez
pas le courage de remplir le plus élevé,
le plus noble de vos devoirs, celui de
leur parler avec franchife, lorfque leur
gloire ou le falut des Peuples vous l'or-
donne, rappelez-vous que VAUBAN fit,
par fa fermeté, le fuccès d'une expédi-
tion à jamais mémorable; qu'il fauva la
vie à des milliers de foldats qui auroient
été infailliblement victimes de leur bra-
voure; qu'il épargna à une ville empor-
tée l'épée à la main, les horreurs qui

fouillent ordinairement ces conquêtes :
& vous ferez peut-être dignes quelque
jour des emplois où vous a portés la
naiffance ou la faveur.

Valenciennes n'eft pas plutôt au pouvoir du Roi, que Berghes, Furnes,
Gravelines, Oudenarde, Menin voient
tomber leurs remparts. A cette époque,
la France & l'Efpagne, épuifées l'une
& l'autre par les dépenfes exceffives où
les avoit jetées une guerre trop longue,
hélas ! pour ceux qui en étoient les
inftrumens, commencent à calculer ce
que chacune d'elles a diffipé en argent,
en foldats. La Politique, devenue hu-
maine par néceffité, confent à ne plus
s'abreuver de fang. Deux Miniftres,
également favans dans l'art des négociations, fignent le traité de paix qui
doit affurer le repos des deux Nations :
& c'eft du pied des Pyrénées, c'eft du
pied de ces montagnes dont la cime eft
toujours couverte de frimas, que s'élève
l'olivier qui doit ombrager de fes ra-

meaux bienfaifans la France & l'Efpagne (8). Déjà le carnage ceffe , les armées font licenciées , les communica-
tions deviennent libres. VAUBAN fe livre
auffi-tôt à l'étude de la Science à laquelle
il s'eft voué ; & la paix , qui eft le moment du repos pour ceux qui ne voient,
dans les fervices qu'ils rendent à leur
Patrie , que le joug pénible du devoir,
eft l'inftant où il fe montre plus que
jamais digne des regards de fon Sou-
verain.

Relever des fortifications abattues ,
en conftruire de nouvelles ; acquérir
une connoiffance exacte de chaque place ;
calculer la force que peuvent fe prêter
mutuellement les villes de guerre ;
affurer la correfpondance qu'elles doivent avoir entre elles ; former, par le
fecours qu'elles tirent l'une de l'autre ,
une chaîne à l'épreuve des efforts de
l'ennemi le plus puiffant ; prolonger ce
cordon refpectable le long de nos frontières : telles font les occupations de
VAUBAN. Tant

(33)

Tant d'ardeur, tant de zèle n'échap-
peront point à la fagacité du Maître qui
en eft l'objet. L'œil d'un grand Roi eft
comme celui de l'Etre fuprême, devant qui toute la nature eft préfente.
Louis XIV, dont les graces alloient
toujours au devant de celui qui en étoit
digne, & qui favoit que le vrai mérite
a l'orgueil de méprifer les follicitations,
ces manéges des Cours, reffources des
hommes ordinaires, prévient VAUBAN,
& l'élève à un grade (9) où fa jeuneffe
ne lui permet pas d'afpirer. La France
applaudit à fon avancement, en même
temps qu'elle admire le difcernement
du Monarque.

Ce n'eft point affez : de nouveaux
bienfaits, dont la fource ne doit plus
tarir pour VAUBAN, découlent du Prince
vers lui. Senfible à des dons fi honora-
bles, il ne les accepte que pour en faire
un ufage plus honorable encore. Une
autre ame que la fienne fe feroit laiffé
corrompre par les charmes d'une fortune

auſſi rapide. Un autre que lui, oubliant que la ſimplicité eſt la première des vertus militaires, auroit employé l'argent de l'Etat à faire conſtruire des palais, à étaler un luxe tout à la fois ridicule & inſolent. VAUBAN, perſuadé que l'eſtime & le reſpeƈt ne s'obtiennent point par les dehors d'une repréſentation faſtueuſe, trouve dans ſon cœur le moyen le plus ſûr pour ſe les concilier.

Parmi cette foule de jeunes Guerriers qui ſe dévouent à la défenſe de la Patrie, il en eſt que le haſard a marqués, au jour de leur naiſſance, du ſceau de la nobleſſe & de la pauvreté. Viƈtimes d'un grand nom, ils prodiguent leur ſang dans les combats, tandis que ceux dont ils reçurent la vie, & dont ils auroient été les ſoutiens, ſi l'amour de la gloire, l'emportant ſur les devoirs de la nature, ne les avoient appelés aux champs de l'honneur, traînent, ſous le chaume d'une cabane ruſtique, une exiſtence que leur diſpute quelquefois l'indigence, & preſque toujours la miſère.

Dans un Corps où l'honneur défend la plainte à l'infortune, où l'uniformité des vêtemens donne à chaque individu l'extérieur de la même aiſance, à quel ſigne reconnoîtra-t-on l'Officier indigent ? Il n'en eſt point. C'eſt alors qu'il faut deviner les hommes, c'eſt alors qu'il faut ſoulever avec précaution le maſque impoſant qui couvre les phyſionomies. Ce talent eſt bien rare, & ſuppoſe une grande connoiſſance du cœur humain. C'eſt celui que poſsède VAUBAN. Perſonne n'a plus que lui l'art de prévenir, de ſaiſir le moment où un bienfait n'a point de prix, par l'inſtant où il arrive.

Par des ſecours (10) adreſſés à propos, & dont la ſource eſt en même temps ignorée, l'un ſe voit en état de pourſuivre une carrière dans laquelle il n'avoit peut-être pas encore un jour à fe montrer ; l'autre eft à même de remplir des engagemens contractés pour fubvenir aux frais d'une campagne difpendieufe. Bienfaifance, volupté, délices de l'ame, plaifir pur & fans mélange, fi tu fus la vertu principale du Héros que je célèbre, fi tu contribuas à affurer fa gloire, que ne te doit-il pas, à fon tour, pour les cœurs que tu lui as gagnés !

C'eft ainfi que VAUBAN fe délaffoit des fatigues de la guerre, lorfque de nouveaux orages vinrent troubler le calme dont la France jouiffoit. Mazarin n'étoit plus ; mais fon génie gouvernoit encore le Confeil de Louis XIV. Ce que ce Miniftre habile avoit prévu arrivoit enfin.

La mort de Philippe IV (11) appeloit un Monarque, avide de gloire & de conquêtes, à une fucceffion brillante, & à laquelle il avoit des droits du côté de Marie-Thérèfe. Il s'agiffoit de réunir à la Couronne de France trois Provinces confidérables, la Flandre, le Brabant, & la Franche-Comté.

L'Efpagne, pour qui la France n'é-toit déjà que trop redoutable, & qui fentoit d'ailleurs combien la réunion de ces immenfes domaines alloit augmenter fa puiffance, fit valoir la renonciation ftipulée dans le contrat de mariage, au nom de l'Infante. L'intérêt de l'Etat, foutenu par des droits dont la validité paroiffoit fuffifamment établie, ne per-mettant plus à Louis XIV de douter de la juftice de fa caufe, la guerre fut auffi-tôt déterminée ; & ce jeune Mo-narque fe montroit déjà les armes à la main dans ces Provinces dont on lui difputoit la propriété, que les Commif-faires nommés par les deux Puiffances difcutoient froidement leurs prétentions refpectives.

Jours de grandeurs & de profpéri-tés, où les armes les plus nombreufes fuyoient au nom feul de Louis XIV, comme le cerf timide fuit devant le chaſſeur qui le pourſuit ; où les villes les plus fortes par leurs remparts & leurs garniſons , tomboient à ſon approche, comme les épis tombent ſous la faux du moiſſonneur , ſi vous avez été mis au nombre des plus belles époques de la Nation Françoiſe , c'eſt à VAUBAN que vous devez cet honnenr. Sans lui (1 2), Armentières, Charleroy, Tournay , Oudenarde , Aloſt , Ath , auroient peut-être bravé long-temps les efforts de Turenne ; ſans lui les plaines de Lille & de Douay auroient vu nos légions répandre inutilement leur ſang ſous les murs de ces villes. Mais cet outrage n'eſt point à redouter là où commande VAUBAN : la Flandre, ſoumiſe preſque auſſi-tôt qu'attaquée, n'offre déjà plus rien qui ſoit digne de ſes coups.

C'eſt maintenant à la Franche-Comté qu'il va faire connoître tout ce que peut le génie, ſecondé par la valeur.

Beſançon (1 3), l'eſpérance , le bou

levart de cette Province , donne un inſtant l'exemple de la fidélité & du courage ; mais à la chaleur avec laquelle les ouvrages ſont pouſſés, elle reconnoît bientôt la main qui les dirige , & ne voit de ſalut que dans une prompte capitulation.

Dole, Gray, Salins imitent auſſi-tôt ſon exemple ; & la Franche-Comté, en moins de ſix ſemaines, n'a plus ni maîtres ni protecteurs par delà les Pyrénées.

Louis XIV, plus embarraſſé de conſerver, qu'il ne l'avoit été de conquérir, eſt déjà tourmenté de l'inquiétude que traîne toujours après elle une grande fortune. Ce n'eſt pas que, dans un royaume où les hommes ſont, au beſoin, citoyens & ſoldats, il manque de bras pour garder ces nouvelles poſſeſſions : mais que peuvent les garniſons les plus nombreuſes dans des villes ouvertes de toutes parts ? que peuvent les Provinces elles-mêmes, ſans ces barrières qui ſont

la sûreté des Etats ? Louis sent la nécessité de les mettre à l'abri de l'insulte.
Mais à qui confiera-t-il cet ouvrage important ?

Il existe entre les grands Hommes
des rapports qu'eux seuls peuvent saisir,
& qui les excitent à se rechercher, à se
désirer, à avoir besoin l'un de l'autre.
A peine se sont-ils entrevus, qu'ils se
reconnoissent ; à peine se sont-ils appro-
chés, que leurs ames se touchent. Ils
ont enfin, pour se distinguer entre eux,
ce tact délicat & sûr qui porte dans les
sens de l'homme privé de la lumière,
l'image des corps qu'il ne voit pas. Celui qui avoit deviné le génie de Louvois, celui qui étoit descendu dans l'ame
de Turenne, celui qui avoit pénétré
l'esprit calculateur de Colbert, eut
bientôt reconnu que l'honneur de veiller
à la conservation de ses nouvelles conquêtes n'appartenoit qu'à Vauban (14);
c'est lui qu'il charge de ce pénible emploi.

Les espérances de Louis XIV ne seront point trompées. La Flandre n'offroit encore aux yeux de ses malheureux habitans que des monceaux de débris; la terre, entr'ouverte & déchirée, y présentoit à chaque pas l'image effrayante de ces contrées sur lesquelles le Vésuve vomit sans cesse le bitume & le soufre. VAUBAN paroît , & elle sort de ses ruines plus majestueuse qu'elle ne le fut jamais sous la domination espagnole.

C'est à Lille sur-tout qu'il se plaît à déployer toutes les richesses de son Art ; c'est là qu'il en met au jour tous les secrets , toutes les ressources. Lille devient le chef-d'œuvre de VAUBAN , & ses remparts semblent vouloir porter aux cieux le nom du grand Homme dont elle est l'ouvrage.

Mais quel est son étonnement lorsqu'elle voit s'élever à ses côtés une seconde ville plus redoutable qu'elle !

Quel est celui de VAUBAN (1 5), en

apprenant que fon Maître, par une faveur qui n'a pas encore eu d'exemple,
a daigné lui en accorder le gouvernement ? A cette nouvelle, fon cœur
treffaille , fon ame s'exalte; fes vœux
font de témoigner à fon Roi que s'il
n'eft pas le plus digne de fes bienfaits,
au moins eft-il celui qu'anime davantage
le défir de les mériter.

Entraîné par la rapidité des événemens qui fe fuccèdent ; accablé par le
nombre des actions, qui, fous le fiècle
le plus glorieux de la Nation Françoife,
élevèrent fi fouvent les Sujets au niveau
du Maître, il ne m'eft plus poffible de
fuivre Vauban , tant fa courfe eft rapide. Je me bornerai donc à le montrer
combattant, dans le Brabant, fous les
ordres de Louis XIV ; prenant (16)
Arnhain, Skenk, Utrecht, Doefbourg,
Zutphen , Nimègue , Naerden ; recevant, devant Maeftricht (17), la couronne de l'immortalité, prix de l'inven-
tion de fes fameux parallèles; foudroyant

Luxembourg , Manheim (18) , Frankendal , Hoxer , Hui , Climbourg , & laiſſant devant toutes ces places des monumens éternels de ſa valeur & de ſon génie.

Des ſuccès ſi éclatans excitent partout des cris d'alégreſſe , des chants de victoire, au milieu deſquels on entend retentir le nom de Vauban. Le ſoldat, dont il a protégé les jours, dont il a ménagé le ſang, voit en lui le père le plus tendre , le bienfaiteur le plus zélé. Invincible lorſque Turenne le mène au combat , il ſe croit invulnérable (19) auprès de Vauban.

Le ſoir, dans ces diſcours familiers & pleins de candeur, où ces braves gens s'entretiennent avec cette franchiſe qui ſied ſi bien à leur état , des vertus de leurs Chefs, c'eſt à qui fera le récit des campagnes où il a ſervi ſous ce grand Maître. L'un dit : A telle occaſion il empêcha, par des retranchemens faits à propos , l'armée entière d'être taillée en pièces. L'autre s'écrie : Sans lui nous

périffions tous fous les murs de Luxembourg. Bientôt un attendriffement général prend la place de l'admiration ; le
filence fuccède à la confufion ; tous les
yeux font inondés de ces douces larmes
qu'arrache le fouvenir des grandes actions ; & les premiers mots qui échap-
pent à leur reconnoiffance, font : *Vive
Vauban ! vive le confervateur des hommes !*

Le Courtifan lui-même cède à l'enthoufiafme univerfel ; le Courtifan oublie que tout ce que lui ou les fiens n'ont
pas fait, doit être déprimé ; qu'il eft l'ennemi né de quiconque a du mérite ; qu'il
eft de fa politique barbare de le combattre par - tout où il le rencontre. Il
oublie qu'en rabaiffant les hommes à qui
leurs talens donnent une ftature gigan-
tefque, il les ramenera à la médiocrité
de la fienne. Le Courtifan devient jufte,
& fe furprend lui - même balbutiant
l'éloge de Vauban.

Les grandes réputations ne donnent

communément qu'une célébrité locale ; celle de Vauban eſt la même à la Cour, dans les camps, dans l'Europe, chez tous les Peuples qui ont des relations avec cette portion de l'Univers.

L'Eſpagne ſait depuis long - temps, par une expérience trop malheureuſe, qu'il exiſte en France un génie puiſſant à qui tout doit céder, qui poſsède tout à la fois la magie de détruire & de créer ; mais ſi elle déplore l'uſage funeſte qu'il en a fait contre elle, l'eſpoir de la vengeance lui fait rechercher avec empreſſement les découvertes dont elle a été une des premières victimes.

L'Empire, en guerre avec la Porte, voit enfin ſes poſſeſſions à l'abri des invaſions d'un Peuple barbare ; & c'eſt à Vauban qu'il doit ſa tranquillité. C'eſt ſur ſes plans, c'eſt d'après ſes principes que s'élèvent les fortereſſes contre leſquelles doit ſe briſer la puiſſance Ottomane.

La Hollande, qui n'avoit auparavant

que fes éclufes & fes digues pour bou-
levarts, commence à craindre que ces
moyens ne foient infuffifans à fa confervation. Elle fuit l'exemple que lui
donne la Germanie, & rend fes frontières tout à la fois redoutables & menaçantes.

L'Angleterre, dont l'admiration eft
tardive, fur-tout envers les étrangers,
vit d'abord d'un œil affez indifférent
l'Auteur des progrès d'un Art qu'elle
regarda toujours comme l'ennemi de fa
liberté : fous la protection de l'Océan,
certaine que ce n'eft qu'en marchant
fur des abîmes qu'on peut arriver jufqu'à
elle, n'ayant de confiance que dans ces
forterefses flottantes qu'elle tranfporte
à fon gré le long de fes rivages ; il lui
importoit peu qu'on eût, par delà les
mers, changé ou perfectionné le fyftême
des fortifications ; & l'admirable inventeur des places d'armes n'auroit peut-
être jamais obtenu de cette Nation ri-
vale, inquiète, jaloufe, ni hommage ni

refpeét ; fi fes travaux s'étoient bornés à la défenfe intérieure de fa Patrie. Vauban prouva à ces Infulaires que tous les élémens étoient également foumis à fon génie.

La France n'avoit point de port dans la Manche : fes flottes, battues par l'ennemi, ou difperfées par la tempête, n'y trouvoient point d'afile où elles puffent échapper à la pourfuite du vainqueur, ou au danger du naufrage. Quelques baies peu profondes, ouvrage de la nature, jetées çà & là, fervoient de retraite au pêcheur, que la tempête avoit furpris. Vauban fait le relevé de tous les points, de toutes les finuofités des côtes de la Flandre maritime. Il croit s'apercevoir que, devant le port de Dunkerque, la mer, dans fes mouvemens périodiques, laiffe à découvert une plage immenfe ; qu'à fon retour elle y ramène fes flots plus lentement qu'ailleurs : dès lors il conçoit le projet hardi d'agrandir Dunkerque, d'ajouter au baffin qu'elle renferme, une enceinte extérieure où les flots & les vents foient enchaînés; de rapprocher les côtes de la France de celles de l'Angleterre. L'entreprife étonne jufqu'à ceux qui font deftinés à l'exécuter : les travaux à peine commencés , la mer , fe repliant fur elle-même , cède à VAUBAN un terrain qu'elle n'ofe plus lui difputer , & voit dominer fur fes eaux un vafte édifice , contre lequel fa rage eft impuiffante.

Londres alarmée remplit de fes clameurs toute l'Europe , & ne peut concevoir comment la France eft parvenue à étendre les bornes que la Nature lui a circonfcrites.

Le Batave , tremblant déjà pour fon pavillon , dit à tout l'univers que cette ufurpation eft un attentat commis envers les Puiffances maritimes.

O VAUBAN, quel triomphe pour toi! quel jour que celui où des Miniftres , pleins d'effroi , te dénoncèrent à leurs Maîtres , & mirent fous leurs yeux le

plan

plan de cet édifice, chef - d'œuvre de hardieſſe & d'imagination ! Quel moment que celui où des Rois , oubliant leur injure commune , te reconnurent , dans leur Conſeil, pour le plus grand Génie de l'univers ! Ah ! ce moment vaut lui ſeul un ſiècle de gloire.

VAUBAN, comme Guerrier, mérita la couronne de l'immortalité ; comme Citoyen, il y eut des droits non moins reſpectables. Vous qui n'avez pas rougi d'attaquer la mémoire de ce Héros, retirez-vous; je vais faire le tableau de ſes vertus. Ceux dont la bouche impie a oſé blaſphémer l'Etre ſuprême ne doivent point ſouiller de leur préſence le Temple où repoſe l'image de ſa divinité.

DEUXIÈME PARTIE.

IMPOSANTE ſur le ſommet des Alpes, reſpectable dans le ſilence des forêts , menaçante dans les gouffres de l'Etna, la Nature eſt riante ſur un côteau

D

qu'éclaire l'aube du jour, vivante dans une prairie où paiffent de nombreux troupeaux, riche dans un champ bien cultivé. Que celui donc qui aura à faire le tableau des merveilles qu'elle étale à nos yeux ne fe borne point à peindre les fables brûlans de l'Afrique, les bouches du Véfuve, les écueils de la mer Glaciale (objets majeftueux, & qui annoncent la fécondité de l'Etre puiffant qui les a créés; mais effrayans lorfqu'ils font ifolés ou trop rapprochés l'un de l'autre); autrement il paffera pour avoir manqué du talent néceffaire à la compofition d'un Ouvrage auffi magnifique, ou on l'accufera de n'avoir connu que la moitié des richeffes qui ont été difpenfées à cet Univers.

L'ame des grands Hommes (je parle de ceux qui ont été tout à la fois guer-riers & patriotes) étant, dans fes modi-fications, l'image de la Nature, l'Ora-teur qui s'eft impofé le devoir d'en re-cueillir les traits, doit préfenter également ceux qui leur méritèrent ou le respect ou la reconnoiffance des générations (20). Turenne , pardonnant à un ferviteur imprudent une offenfe involontaire , n'eft pas moins digne d'admiration , que lorfqu'il méprifoit le cartel injurieux de l'Electeur Palatin. VAUBAN , defcendant dans les détails de l'Agriculture ; s'occupant des moyens de remettre en vigueur cet Art , l'aîné de tous les autres ; cherchant & trouvant dans fon génie le fecret du bonheur du Peuple & de la richeffe de l'Etat , eft peut-être plus digne de nos hommages que lorfqu'il donnoit des villes à Louis XIV.

Il n'eft pour les cœurs froids & indifférens qu'une feule manière de fervir l'Etat ; il en eft mille pour celui qu'embrafe l'amour de la Patrie. Cet amour eft le moteur des grandes actions , le foyer de toutes les vertus : fans lui on peut avoir des talens , des qualités ; mais on n'a rien de plus. C'eft ainfi que quelques hommes brûlent , par intervalle , d'un feu qu'ils croyent être la paſſion de la Patrie, quoiqu'il n'en ait pas même l'apparence. D'où vient cette erreur ? De ce qu'ils ignorent ce que c'eſt que la Patrie. Mais où eſt-elle ? dans quel ſanctuaire repoſe-t-elle ? Qu'ils le demandent à VAUBAN ; qu'ils deſcendent dans ſon ame , ils apprendront que la Patrie réſide dans le Prince & les Sujets; que ce ſont deux moitiés d'un tout que la penſée , & moins encore la tendreſſe , ne doivent point ſéparer ſans irréligion; que l'une eſt l'ame, l'autre le corps des Monarchies.

Il me ſemble entendre déjà les clameurs, les frémiſſemens de l'orgueil. Quoi ! la Patrie peut-elle réſider ailleurs que dans les Cours ? Les Grands , dont elle tire tout ſon éclat, ont-ils d'autres Concitoyens que ceux qui leur reſſemblent par la naiſſance ou les dignités ? Ce malheureux, que la néceſſité a fait leur eſclave , que la miſère a profcrit dès le berceau ; cet être abject à qui elle impofe le devoir pénible de fatiguer fans relâche la terre, pour obtenir d'elle la fubfiftance infipide dont ils confentent à fe nourrir ; cet homme, chargé de haillons qui le défigurent, plutôt qu'ils ne le couvrent, vous ofez le nommer leur Concitoyen ! Oui, il l'eft ; & c'eft en qualité de premier Sujet de l'Etat, c'eft - à - dire, du plus utile, qu'il réclame ce titre, ainfi que les droits qui y font attachés. Habitans des Cours, vous n'êtes que des objets de luxe ; le Laboureur eft un inftrument d'abondance : vous dévorez, il vivifie : vos mains ébranlent quelquefois les Empires, les fiennes en affurent la durée & la puiffance. Mais l'or eft dans les vôtres. Eh ! qu'a de commun ce fantôme de la richeffe avec la richeffe même ? Voulez - vous connoître l'inertie de ce métal ? tranfportez-vous dans les contrées où la nature l'a enfoui. Qu'y rencontrez-vous ? Des efclaves. Qu'y voyez-vous ? La ftérilité. Parcourez ceux où le Laboureur eft encouragé, honoré, vous y trouverez des hommes libres, des Peuples nombreux, des terres fécondes, des Trônes affis fur des bafes inébranlables. Pénétré de ces vérités, convaincu que l'Agriculture eft le principe de toutes les richeffes, VAUBAN entrevoit la certitude de doubler celles de la France, dans la poffibilité de doubler la fertilité des campagnes.

Mais (21) comment opérer ce prodige dans un Etat où le Payfan, fans ceffe occupé de combattre la Nature ou le Fifc, eft conftamment le jouet de l'inégalité du fol & des impôts? Telle Province voit chaque année fes plaines furchargées de moiffons abondantes, qui, faute de voies de communication, eft obligée de confommer elle - même les productions dont elle auroit pu faire un échange avantageux. Telle autre eft traverfée d'immenfes canaux prêts à y répandre la fécondité & à recevoir le

superflu de fes récoltes & de fa confom-
mation, où la terre, ingrate & ftérile,
trompant prefque toujours l'efpérance
du Laboureur, lui laiffe à peine de quoi
acquitter fa dette envers la taille. Cependant, dans la première comme dans
la feconde, l'impôt eft réparti unifor-
mément, c'eft-à-dire, fur les probabi-
lités, & non fur le réfultat des produits.
Cependant, dans toutes les deux, l'Ar-
tifan premier & unique de la fécondité
de la terre eft écrafé fous le poids des
charges publiques, tandis que celui que
fa naiffance ou fes emplois ont difpenfé
de concourir au bien général, jouit, &
s'en fait honneur, du privilége de ne rien
porter au Tréfor national.

La raifon & l'équité demandoient
qu'on établît enfin un nouveau fyftême
d'économie publique. Il étoit temps de
faire ceffer le défefpoir des Cultivateurs,
de prévenir leur anéantiffement, à la
fuite duquel marche la ftérilité, la fa-
mine, & la deftruction des Etats. Il étoit

temps qu'on fît entrer les domaines des grands propriétaires dans les balances du Fifc. Quel projet ! qu'il eft vafte ! Mais que d'obftacles , que de difficultés né préfente-il pas ! C'eft peu de l'avoir conçu , il faut avoir la hardieffe de le propofer ; il faut fe fentir le courage d'attaquer l'homme puiffant , de lui livrer la guerre la plus opiniâtre , de le pourfuivre par-tout où il cherchera un afile. Et s'il fe réfugioit fur les marches du Trône , qui ofera l'y combattre ? Malheureux Cultivateur , raffure-toi ! il eft des vertus dans les Cours ; il eft des cœurs fenfibles là où tu n'aperçois que l'indifférence & l'oppreffion. Songe que, parmi les herbes vénéneufes, la Nature fait croître les plantes falutaires qui émouffent les traits du poifon ; fonge que VAUBAN eft, au milieu de ceux mêmes qui confpirent contre toi, l'Ange tutélaire que le Ciel a chargé du foin de te défendre ; fonge que c'eft le Héros de Valenciennes , de Befançon, de

Luxembourg, qui va marcher contre tes ennemis.

A ce mot, qui ne croiroit que nos frontières ne foient menacées d'invafion? Mais nos ennemis ne font malheureufement pas chez les Nations étrangères. Eh ! plût au Ciel qu'ils y fuffent tous ! Vaincus ou vainqueurs, ils demanderoient la paix, ou nous l'accorderoient. Hélas ! il n'en eft point à efpérer de ceux que la Patrie recèle dans fon fein. Mais ces ennemis implacables où font-ils donc ? Par-tout : ils habitent les Cours, les villes ; ils fouillent jufqu'à la fainteté des campagnes. Ce font ces Sybarites qu'on voit promener avec tant de fafte l'indolence, l'oifiveté & l'ennui. Affemblages monftreux de vices & de ridicules, ils allient la barbarie à la volupté. Voilà ceux qui defsèchent la terre, qui donnent la mort à l'Agriculteur, qui détournent ou détruifent les canaux deftinés à porter l'aifance dans fa chaumière.

Les difgraces laiffent dans l'efprit des traces trop profondes, pour qu'il foit néceffaire de rappeler l'époque défaftreufe où un Monarque, célèbre par vingt ans de victoires, éprouvoit enfin que les malheurs ne refpectent pas plus les Rois que les autres hommes. La France avoit échangé l'or de fes épargnes & le fang de fes Sujets contre des lauriers tombés en pouffière & à demi-arrachés, lorfque VAUBAN compofa l'Ouvrage intitulé (22) *la Dixme Royale.* C'étoit le moment d'en faire hommage à la Nation. Séduit par les avantages qu'il préfente, VAUBAN fe flatte en fecret qu'il fera accueilli avec tranfport. Vaine efpérance ! Les grands Propriétaires, menacés de fe voir rangés dans la claffe des Citoyens utiles à la Patrie, ne fouffriront pas cet opprobre. Ils s'affemblent, ils marchent en corps, ils préfentent par-tout un front redoutable. A l'exemple de ces Peuples fauvages, qui ne vont point au combat fans pouffer des cris horribles, ils jettent des clameurs, à travers lesquelles retentiffent les mots de violation de propriété (terme qu'ils n'entendoient pas plus que ceux qui les ont répétés depuis). Que devint la voix du Sage au milieu de ce tumulte affreux? Elle fe perdit, comme la voix du Nocher, lorfque les flots irrités frappent, en mugiffant, les flancs de fon vaiffeau près de s'entr'ouvrir.

La Dixme Royale, regardée comme une atteinte aux privilégiés, une innovation dangereufe, fut mife alors au nombre de ces fpéculations vagues, qui annoncent, dans celui qui s'en occupe, plus d'envie que de moyens de bien faire.

Les chofes reftèrent donc ce qu'elles étoient. Ainfi, l'on reconnut folennellement que la poffeffion d'une terre continueroit d'occuper le premier rang parmi les propriétés (23) ; qu'elle en feroit la plus refpectable, la plus facrée ; qu'on ne pourroit y toucher, pas même dans les plus grandes calamités, tandis

que la vie & la liberté (les plus anciennes
des propriétés données à l'homme par
la Nature, & l'unique bien du Laboureur) feroient feules calculées & com-
binées fuivant les befoins de l'Etat.

O Vauban ! lorfque ton cœur te dic-
toit les moyens de tarir la fource des
maux qui ravagent les campagnes ; lorfque tu difois que l'impôt qu'on met fur
le Payfan eft l'atteinte la plus directe
qu'on puiffe porter à la propriété, que
celui qui n'exifte que par fes bras ne peut
donner à l'Etat le foible produit de fes
fueurs, fans que fon exiftence n'en fouf-
fre effentiellement , tu étois bien éloi-
gné de croire qu'il fe trouveroit des
hommes affez endurcis , affez barbares
pour refufer de prêter l'oreille à des vérités proférées par la raifon & l'humanité ! Si ta douleur fut amère dans ce
moment, il te refta au moins la douce
confolation d'avoir défiré le bien, de l'a-
voir propofé, d'en avoir donné l'exemple pendant tout le cours de ta vie. Il te

refta la certitude que, dans un fiècle plus éclairé fur les reffources publiques, que fous un règne plus ami du bien , fous des Miniftres plus patriotes , le même projet, qu'on traitoit alors de chi‑ mère, feroit la reffource de la Patrie, la gloire du Monarque , le bonheur du Peuple.

N'en doutons pas, celui qui tient en fes mains la mefure des grandeurs hu‑ maines, infpira feul à Vauban un projet qui portoit l'empreinte de la fageffe divine; mais en même temps il répandit fur la France cet efprit de ténèbres & de veftiges, funefte avant ‑ coureur des calamités publiques , qui fafcine les yeux , & donne à la vérité les couleurs du menfonge.

Louis XIV, rival heureux d'Alexan‑ dre, ne devoit point s'affeoir au rang de Numa. Vauban, couvert des lauriers que difpenfe la victoire, ne devoit pas cein‑ dre fon front de la couronne dont s'étoit paré Sully : tant il eft vrai que la gloire des hommes à un terme au delà duquel elle ne sauroit s'étendre ! Vauban, qui la voit par-tout où l'appelle la prospérité de la Patrie, abandonne aux ennemis de l'Etat les champs arides de la dispute, pour s'élancer dans une carrière plus digne de lui.

Transporté par son esprit ardent au centre des Sciences, il les interroge toutes sur les possibilités de perfectionner chaque partie de l'Administration politique.

Les Finances se présentent d'abord à ses regards. Il contemple avec une surprise mêlée d'effroi cette machine immense, qu'un rien arrête, que tant de bras font mouvoir, qu'un seul homme conduit & dirige ; il en compte les ressorts, il étudie les causes de l'inégalité de ses mouvemens, il cherche les moyens de les rendre plus réglés.

A peine a-t-il jeté les yeux sur le Commerce, qu'il le voit faisant l'échange du superflu, formant les liens qui doi-

vent unir enfemble les habitans des
deux pôles ; portant chez les Peuples les plus barbares les mœurs, les
ufages, l'induftrie des Peuples civilifés ;
mettant à contribution toutes les parties de l'Univers ; fe traînant avec len-
teur, pour peu qu'il rencontre d'obftacles ; volant avec la rapidité de l'aigle,
lorfqu'il eft libre & dégagé d'entraves.

De là il paffe à la Marine (24), dont
il admire la toute-puiffance, foit qu'elle
donne, foit qu'elle reprenne l'empire
des mers, foit qu'elle veille à la sûreté
du Commerce, foit qu'elle recule les limites de l'Univers.

Il pénètre enfuite dans les manufactures.
Quel théâtre pour fes obfervations, que
ces ateliers nombreux où des milliers
d'hommes, efclaves de nos fantaifies &
de nos befoins, préparent, avec des
mains groffières, les ornemens du luxe,
les parures de la frivolité ! Il reconnoît
bientôt que l'exiftence de cette portion
utile & nombreufe de Citoyens eft fubor-

donnée à la protection qu'on lui accorde, à la bonne qualité des matières, à la perfection dans la main d'œuvre.

Son génie ne trouve bientôt plus l'Europe affez vafte ; il franchit les mers, & va fe repofer fur ces contrées ifolées où l'avarice tient des Colonies entières dans un exil volontaire & perpétuel. Foibles, ouvertes de toutes parts, gardées par des efclaves, à qui il importe peu de combattre pour des maîtres qu'ils abhorrent & qu'ils doivent abhorrer ; confiées à des hommes amollis par les délices d'une vie oifive & voluptueufe, que deviendront - elles, fi on ne veille à leur confervation ? VAUBAN, qui fait que la richeffe & la puiffance de l'Etat font attachées à la poffeffion de ces domaines loitains, fait une étude particulière des moyens de réfiftance que préfente la nature de leur pofition.

Jeunes Héros (25), pour qui l'oifiveté eft plus à redouter que la guerre même, ayez fans ceffe fous les yeux l'Ouvrage immortel

immortel où VAUBAN dépofa les obfervations de trentes années d'expérience
& de travaux. A fon exemple, confacrez
à votre inftruction, à celle de votre fiècle, les inftans de repos que l'ennemi
vous laiffe, & la Patrie n'aura plus à
rougir des honneurs qu'elle vous a ac-
cordés, & l'olivier de la paix pourra fe
mêler à vos lauriers fans les faire difpa-
roître, & la Poftérité ne réduira pas à
quelques jours d'exiftence, l'époque de
votre vie.

VAUBAN, au milieu d'une Cour ga-
lante & faftueufe, où les Arts & le Génie s'épuifoient à embellir le féjour du
plus grand Roi de l'Europe, préféroit
l'entretien d'un Savant, le filence de la
retraite, à ces amufemens frivoles que la
Politique cruelle & favante de quelques
hommes inventa fans doute pour en tenir
d'autres dans une captivité continuelle.
C'eft au fein même des plaifirs qu'il mé-
ditoit ces Oifivetés fublimes, dont le titre doit fervir de leçon à ceux qui igno-

rent que le travail eſt le ſeul bouclier contre lequel s'émouſſent & ſe briſent les traits de la volupté.

Amour de l'étude, paſſion qui élève & fortifie l'ame, c'eſt à toi que VAUBAN dut ſa gloire, ſa réputation, ſes ver-tus; c'eſt par toi qu'il échappa à ces tempêtes qu'excitent ſans ceſſe dans les Palais des Rois l'ambition & la rivalité; c'eſt par toi qu'il conſerva la ſimplicité de ſes mœurs, l'innocence & la paix de ſon cœur.

VAUBAN, comme l'a dit un Ecrivain illuſtre, étoit un Romain que la France ſembloit avoir dérobé aux plus heureux temps de la République. S'il en eut le caractère, c'eſt lorſqu'à l'exemple de ces Guerriers qui paſſoient du commande-ment des armées au ſoc d'une charrue, il quittoit le ſéjour du plus grand Roi de l'Europe pour la chaumière d'un Labou-reur.

Simples habitans des campagnes, VAU-BAN daigne viſiter vos retraites; ne vous

inclinez pas, c'est votre ami qui vient
vous voir ; ne lui parlez ni de devoirs,
ni de respect, ni de reconnoissance. Les
momens qu'il vous accorde sont précieux ; profitez-en : répondez aux ques-
tions qu'il vous fera ; ne dissimulez rien ;
conduisez-le dans vos champs ; racontez-
lui vos peines ; confiez-lui vos chagrins,
il les déposera aux pieds du Trône. VAU-
BAN, dont l'impatience ne souffre aucun
obstacle quand il s'agit dé faire des
heureux, tient tout ce que sa présence
a annoncé. Déjà l'eau porte la fécondité
dans les plaines où régnoit la sécheresse ;
tandis que des ponts, jetés sur des fleu-
ves rapides, facilitent les communica-
tions, des digues élevées & solides bra-
vent les flots d'un torrent débordé. Les
instrumens aratoires, perfectionnés en
partie, deviennent plus faciles à manier.
Des canaux, placés de distance en distance, font de deux Provinces, jusqu'a-
lors étrangères l'une à l'autre, quoique
voisines, deux Provinces amies. Le canal

de Languedoc couronne tous ces travaux. Ainſi, le Miniſtre de Henri fécondoit, par ſon génie, le Royaume qu'il avoit conquis à ſon Maître. O Sully, pardonne ſi j'oſe placer à côté de ton nom celui de VAUBAN ! Le Héros qui te reſſembla tant par ſes vertus, pouvoit ſeul prétendre à l'honneur de t'être comparé. Si tu fus Guerrier, VAUBAN verſa ſon ſang dans les combats ; ſi tu gagnas des batailles, VAUBAN ſoumit des villes ; ſi tu fis faire quelques progrès à l'art de l'attaque & de la défenſe, VAUBAN porta l'une & l'autre à la dernière perfection ; ſi tu brûlas pour Henri du feu de l'amitié la plus ardente, VAUBAN eut pour Louis le Grand la piété d'un fils envers ſon père ; ſi tu fus toujours fidèle à la vérité, VAUBAN eut toujours la hardieſſe de la dire ; ſi tu fus Miniſtre des Finances, VAUBAN, comme Auteur de *la Dixme Royale*, prouva qu'il méritoit de l'être (26).

Enfin VAUBAN va recevoir le prix de

ſes talens militaires. Approchons - nous
de lui ; obſervons - le de plus près que
jamais. C'eſt lorſque l'homme n'a plus
rien à attendre ni de ſon Roi ni de ſa
Patrie, qu'il ceſſe de remplir des devoirs
dont il n'eſpère plus aucun prix ; c'eſt
alors qu'il montre qu'il ſe ſacrifioit à lui
ſeul, lorſqu'il paroiſſoit ſe dévouer à la
cauſe commune. Moment terrible , où
tant de Héros moururent pour la gloire
avant d'être morts à la vie , tu ne ſeras
point funeſte à VAUBAN ! A peine le bruit
de ſon élévation eſt - il parvenu juſqu'à
lui, qu'il craint que cette faveur ne ſoit
l'avant-coureur du courroux de ſon Maître. Il oſe le ſupplier de révoquer un
bienfait dans lequel il ne voit qu'un acte
de rigueur. Dans l'amertume de ſa douleur , il s'écrie : Ne ſuis-je donc plus digne de verſer mon ſang pour mon Roi ?
Après cinquante ans de ſervices, n'ai-je
pas acquis le droit de le ſervir juſqu'au dernier moment de ma vie ? Ma
vieilleſſe ſera-t-elle condamnée à l'op-

probre ? Le meilleur, le plus augufte des Souverains ne peut-il donc récompenfer fes Sujets, fans caufer leur défefpoir ? Et fi les ennemis venoient attaquer fes Etats, qui les combattra ? qui les repouffera.... ?

VAUBAN (27) cherche en vain à éloigner de lui les honneurs qu'on lui prépare ; il eft proclamé Maréchal de France. Les dignités & le mérite font étonnés de fe rencontrer enfin dans la même perfonne.

VAUBAN avoit lu dans l'avenir ; il avoit pénétré la perfidie des Cours ; il favoit que l'ambition met au nombre de fes reffources l'art d'enchaîner, par les dignités, ceux dont elle redoute les talens. Hélas ! fes preffentimens ne fe confirmèrent malheureufement que trop tôt.

Le plus beau fiècle de notre Monarchie touchoit à l'inftant de fa décrépitude. Un Monarque, long-temps invincible, éprouvoit à la fin que le hafard

& la fortune donnent & reprennent,
quand il leur plaît, la victoire & la célébrité. Nos frontières, inondées de notre sang, nos drapeaux enlevés, nos
troupes dispersées, tout attestoit que le
Ciel punit, tôt ou tard, les conquêtes
entreprises sans nécessité, c'est-à-dire,
les forfaits des Rois. Le danger public
demandoit que Vauban devînt une seconde fois le boulevart de la France :
la Politique sanguinaire de ses rivaux fit
taire la voix de la nécessité. Le seul
homme qui pouvoit rendre encore
Louis XIV redoutable, est réduit à faire
des vœux impuissans pour le salut de
l'Etat, lorsque son bras & son génie
s'offroient à le protéger ; & celui qu'on a
trouvé digne d'être Maréchal de France
ne peut pas même obtenir la faveur de
servir sous les ordres d'un officier infé-
rieur (28).

Jours de carnage & de deuil, où la
destruction & l'anéantissement mena-
çoient tout un Peuple, quelles traces

douloureufes ne laifsâtes-vous pas dans
l'ame de VAUBAN ! Momens affreux où
retentirent dans fon cœur les noms
épouvantables d'Hocftet & de Ramillies,
que de larmes ne lui avez - vous pas
coûté ! Combien de fois n'a-t-il pas dé-
tefté les honneurs inutiles dont il étoit
couvert ! combien de fois n'a-t-il pas
conjuré le Ciel de le débarraffer du
fardeau infupportable d'une vieilleffe
oifive ! Senfible à tous les maux qu'il
éprouve , l'Arbitre fuprême exauce
enfin fa prière (29). VAUBAN n'eft plus,
& fa mort devient une nouvelle cala-
mité pour la France , en même temps
qu'elle eft le gage des fuccès de fes ennemis.

Voilà celui dont quelques furieux ont
voulu troubler la cendre, foixante-dix
ans après fa mort. Les infenfés! ils igno-
roient fans doute que l'Hiftoire veille
fans ceffe fur la mémoire des grands
Hommes, tenant dans fes mains le glaive
de la vérité. Eh bien , s'ils ne connoif-

sent pas encore toute l'énormité de l'attentat qu'ils ont commis, qu'ils sachent
que la majesté des Empires, reposant
dans la majesté de ceux qui les ont il-
lustrés, ils se font rendus coupables d'un
crime d'Etat ; qu'ils sachent qu'ils font
voués à jamais à l'indignation publique,
flétrissure éternelle pour celui qui en
porte l'empreinte !

Illustres descendans du Héros que je
viens de célébrer, lorsque vous renou-
vellerez le marbre qui couvre ses restes
précieux, faites-y graver ces mots : *Ici
repose V A U B A N ; il aima son Roi ; il
servit pendant soixante ans sa Parrie ; il fut
modeste & simple ; il mourut pauvre* (3 0) *;
il laissa un grand nom.* Cette inscription
rappellera à l'Etranger ses actions héroï-
ques ; elle apprendra à chacun qu'il se
doit à son Prince , ainsi qu'à la Patrie ;
elle apprendra à l'homme élevé en dignités , que le luxe & le faste ternissent
l'éclat que donne le mérite ; elle lui

apprendra que le mépris des richeſſes eſt une des vertus néceſſaires à ceux qui prétendent à l'immortalité.

NOTES
DE VAUBAN.

PAGE 11. (*note* 1) SÉBASTIEN LE PRÊTRE, Chevalier, Seigneur de Vauban, Basoches, Pierre-Pertins, Pouilly, Cervon, la Chaume, Epiri, le Creufet, & autres lieux, Maréchal de France, Chevalier des Ordres du Roi, Commiſſaire Général des fortifications, Grand'-Croix de l'Ordre de S. Louis, Gouverneur de la citadelle de Lille, Membre de l'Académie des Sciences, naquit le 1er. mai 1633, d'Urbain le Prêtre, & d'Aimée de Carmagnol.

Page 12. (2) L'homme, outragé par le temps, dans lui-même, dans tout ce qui l'entoure, dans tout ce qu'il chérit, imagina ſans doute la nobleſſe pour ſe venger de ſes injures & braver ſa puiſſance. Tandis que tout s'écroule, qu'un ſiècle ſe réunit à des milliers de ſiècles paſſés, que les cendres d'une génération vont ſe confondre aux cendres des générations précédentes, l'édifice de la nobleſſe s'élève ; & ç'eſt le temps lui-même, c'eſt le temps, ce deſtructeur terrible, qui en aſſure la ſolidité.

Page ib. (3) A l'âge de 17 ans, c'eſt-à-dire en 1651, il entra au ſervice, dans le régiment de Condé, Compagnie d'Arcenay.

Page 15. (4) En 1553, il fut pris par un parti françois, & préſenté au cardinal Mazarin, qui, ſur le bruit de la réputation qu'il s'étoit déjà faite, & le mérite qu'il crut reconnoître en lui, l'attacha pour jamais à la France, en lui donnant de l'emploi.

Page 22. (5) L'art du Génie, cet art utile & terrible, étoit encore bien loin d'être perfectionné ; & l'Europe attendoit VAUBAN. (*V.* Thomas, dans son *Eloge de Sully*, couronné par l'Académie Françoise en 1663.) Le fragment suivant, tiré des notes savantes qui font la suite de cet Ouvrage, indiquera à peu près le point d'où partit VAUBAN, lorsqu'il entreprit de reculer les limites de cet art. « Dans l'attaque, bien
» disposer ses lignes ; savoir à propos les resserrer ou
» les étendre, ne leur donner que l'espace nécessaire ;
» appuyer leurs différentes parties par des postes ;
» établir entre elles une communication sûre & rapide ;
» reconnoître les avantages ou les obstacles que pré-
» sente un terrain plus bas ou moins élevé, dur ou
» facile à s'ouvrir, sec ou marécageux ; choisir le lieu
» ou l'instant le plus favorable pour ouvrir la tranchée ;
» marquer la distance la plus convenable pour les
» batteries ; perfectionner la manière de les construire ;
» donner au canon l'inclinaison la plus avantageuse ,
» pour que ses coups aient le plus grand degré possible
» de force ; calculer pour la charge des mines la somme
» des résistances & la qualité des poudres ; trouver
» toujours les proportions convenables à l'effet qu'on
» veut produire ; se servir des ouvrages déjà emportés ,
» pour battre les autres avec plus de succès ; enfin varier
» ses attaques selon les différentes constructions des
» places, & apprendre des règles mêmes à s'en écarter,
» lorsque les règles font forcées par des lois supé-
» rieures de lieux, de temps, & de saisons. Dans la

» défenſe, renverſer les batteries de l'ennemi par des
» batteries oppoſées ; détruire ſes travaux, ou les tourner
» contre lui-même ; juger, par la vue de ſes premiers
» ouvrages, de tous ceux qu'il médite ; connoître, par
» leurs progrès, quel ſera le moment de l'attaque ;
» diſtinguer les attaques feintes des véritables ; mettre
» dans les ſorties une prudence active & une vigueur
» ſage ; défendre chaque pouce de terrain comme la
» place entière ; multiplier le ſiége en créant des
» obſtacles ; être par-tout ſur les pas des aſſiégeans,
» à la tranchée, à la brèche, & juſques dans les en-
» trailles de la terre ; oppoſer par-tout la mort à la
» mort, & s'armer des ruines mêmes ; enfin épier les
» haſards, plus forts quelquefois que les canons, les
» mines, & les bombes ». Voilà quels étoient les principes
& l'art de Sully ; j'ajouterai, & des temps qui précé-
dèrent VAUBAN. On ignoroit alors, comme on vient
de le voir, l'uſage du ricochet ; on ne connoiſſoit pas
davantage les parallèles, les places d'armes, les ca-
valiers de tranchées ; les ſapes, les demi-ſapes n'étoient
pas pratiquées ; la défenſe par le jeu des eaux étoit
très-imparfaite. Voici ce que dit à ce ſujet l'Auteur
profond & lumineux *des Conſidérations ſur l'influence
du génie de VAUBAN dans la balance des forces
de l'Etat.* « Les écluſes exiſtoient ſûrement avant M. DE
» VAUBAN ; mais ces grandes manœuvres d'eau, ces
» torrens préparés en toute ſécurité pour renverſer les
» travaux de l'attaquant, furent des fruits mûris par
» l'eſprit inventeur ; il ſeroit difficile d'exprimer ici
» combien ce moyen conſervateur prit d'accroiſſement
» entre ſes mains ; il en tira des reſſources immenſes
» pour ſimplifier ſes diſpoſitons, pour balancer l'équi-

» libre des fronts d'attaque, pour économiser le déve-
» loppement des remparts, furchargés d'ouvrages, pour
» ramener la défenfe à des points déterminés & prévus,
» fur lefquels alors il déployoit toutes les forces de
» l'art. On a ajouté depuis à l'efficacité de ce moyen
» puiffant ; on y ajoutera beaucoup encore : mais que
» ferons-nous dans ce genre & dans tous les autres, dont
» VAUBAN ne nous ait donné le précepte & l'exemple » ?
(*pag.* 27.)

Page 24. (6) En 1658, il conduifit en chef les
attaques des fiéges de Gravelines, d'Ypres & d'Oudenarde ; ce qui lui valut une gratification confidérable
que lui fit accorder le cardinal Mazarin.

Page 26. (7) Il reçut trois bleffures au fiége de
Montmédy, en 1657 ; & comme la Gazette en parla,
on apprit, dans fon pays, ce qu'il étoit devenu : car,
depuis fix ans qu'il en étoit parti, il n'y étoit point
retourné, & n'y avoit écrit à perfonne ; & ce fut là la
feule manière dont il y donna de fes nouvelles. (Fonte-
nelle, *Eloge de VAUBAN*, *p.* 253.)

Page 32. (8) Paix des Pyrénées, négociée entre la
France & l'Efpagne, dans une île que forme la rivière
de Bidaffoa, appelée l'île des Faifans, qui fait la fépa-
ration des deux Royaumes. Elle fut conclue le 7 no-
vembre, après vingt-quatre conférences, dont la première avoit commencé le 13 août 1659. Le traité
contenoit 124 articles, dont plufieurs rouloient fur
l'établiffement du commerce, & fut figné par le cardinal Mazarin, du côté de la France, & par dom Louis
Haro, du côté de l'Efpagne.

Page 33. (9) Il fut fait Brigadier d'Infanterie en
1664, Maréchal de Camp en 1676, & en 1678, Com-

militaire général des fortifications de France ; charge qu'il se défendit d'abord d'accepter, & qu'il n'accepta que par ordre du Roi.

P. 35. (35) Souvent M. DE VAUBAN a secouru de sommes assez considérables, des officiers qui n'étoient pas en état de soutenir le service ; & quand on venoit à le savoir, il disoit qu'il prétendoit leur restituer ce qu'il recevoit de trop des bienfaits du Roi.

Page 36. (11) Louis XIV, prétendant que, par la mort de Philippe IV, la plupart des Pays-Bas Espagnols étoient dévolus à la Reine son épouse, déclare la guerre à l'Espagne, qui vouloit s'opposer à cette prétention. Le Roi se met d'abord à la tête de ses armées, ayant sous lui le Vicomte de Turenne, le Maréchal d'Aumont, le Marquis de Créquy ; part d'Amiens, se présente devant les places Espagnoles, &, en moins de trois mois, réduit sous son obéissance toutes les meilleures places de Flandre & du Hainaut.

Page 38. (12) La Flandre fut conquise en trois mois. Le Marquis de Castel-Nodrigo, Gouverneur des Pays-Bas, ne put empêcher ces succès rapides ; & les troupes que le Comte de Marine amenoit au secours de Lille, furent défaites. (*Ab. de l'Hist. de Louis XIV, p.* 95.)

Page ib. (13) *Contradiction de Voltaire à relever.*

Il dit (*pag.* 289) qu'en moins de trois semaines toute la Franche-Comté fut soumise ; puis (à la *p.* 322), il dit que cette conquête dura six semaines. De quel côté est l'erreur ? C'est ce qu'il seroit assez important de faire connoître, & ce que les Mémoires du temps pourront indiquer,

Page 40. (14) Il ne manquoit au Roi que des troupes assez nombreuses pour garder les places prêtes à s'ouvrir.

à ſes armes. Louvois lui conſeilla de mettre de groſſes garniſons dans les villes priſes, & de les fortifier. VAU-BAN, l'un de ces grands Hommes & de ces génies qui parurent dans ce ſiècle pour le ſervice de Louis XIV, fut chargé de les fortifier. Il le fit ſuivant ſa méthode nouvelle, devenue aujourd'hui la règle de tous les bons Ingénieurs. On fut étonné de ne plus voir les places revêtues que d'ouvrages preſque au niveau de la campagne ; les fortifications hautes & menaçantes n'en étoient que plus expoſées à être foudroyées par l'artillerie. Plus il les rendit raſantes, moins elles étoient en priſe. Il conſtruiſit la citadelle de Lille ſur ces principes. On n'avoit point encore, en France, détaché le Gouvernement d'une ville de celui de la fortereſſe. L'exemple commença en faveur de VAUBAN ; il fut le premier Gouverneur de cette citadelle. (Volt. *Siècle de Louis XIV.*)

Page 41. (15) Il fut occupé, en 1668, à faire des projets de fortifications pour les places de la Franche-Comté, de Flandre & d'Artois. Le Roi lui donna alors le Gouvernement de la citadelle de Lille, qu'il venoit de conſtruire ; & ce fut le premier Gouvernement de cette nature en France. Ce qui fait un honneur infini à M. le Maréchal DE VAUBAN, c'eſt que, quoiqu'il ait été comblé de graces par ſon Roi, il n'en a jamais ſollicité aucune ; ce qui eſt tout à la fois l'éloge du Prince & du Sujet. Ce fut en 1673, au ſiége de Maſtricht, qu'il inventa ſes fameux parallèles, qui lui ont aſſuré l'immortalité.

Page 42. (16) Le Prince de Condé ayant été bleſſé dangereuſement à la main au paſſage du Rhin, le Roi donna le commandement à M. de Turenne, qui s'empara auſſi-tôt d'Arnhaim ; prit en deux jours le château de Pothins & le fort de Skenk , places qui paſſoient pour imprenables. Le Roi enleva Doeſbourg, Utrecht & Zutphen. Turenne prit enſuite Nimègue , Grave , Crève-Cœur & Bomel ; le marquis de Rochefort ſe rendit maître d'Amesfort & de Naerden.

Page 42. (17) 1673. Cette année commença par des négociations pour la paix, qui furent ſans effet. L'armée Françoiſe ouvrit la campagne par le ſiége de Maſtricht , ſituée ſur la Meuſe , la clef du Brabant Hollandois , & l'une des plus fortes places des Pays-Bas. La garniſon étoit de 6000 hommes : M. de Far-ſaux en étoit Gouverneur. M. DE VAUBAN, qui conduiſoit les travaux de ce ſiége , s'y ſervit, pour la première fois, de parallèles & de places d'armes , inconnues juſqu'alors dans l'attaque des villes. Le Roi , étant arrivé à l'armée avec le Prince de Condé , détacha le Comte de Lorges pour l'inveſtir. Il ſe préſenta enſuite devant la place avec 40,000 hommes , & fit dreſſer neuf batteries pour la foudroyer. Elle fut obligée de ſe rendre le 29 juin , au treizième jour de tranchée ouverte ; & après avoir attendu inutilement le Prince d'Orange , qui arriva effectivement, mais trop tard, pour la ſecourir. Les aſſiégeans y perdirent 7 à 8000 hommes , & les aſſiégés 3000.

Page 43. (17) En 1688, la guerre s'étant rallumée, il fit, ſous les ordres de M. le Dauphin , les ſiéges de Philiſbourg, Manthreim & Frankendal. Ce Prince fut ſi content de ſes ſervices, qu'il lui donna quatre pièces de canon, à ſon choix, pour mettre en ſon château de Baſoche ; récompenſe vraiment militaires, privilége unique, & qui, plus que tout autre , convenoit au père de tant de places fortifiées. (Font. *Eloge de VAUBAN,* *pag.* 267.)

Ces trophées militaires font maintenant au château de M. le comte d'Aunay, petit-fils du Maréchal. **M. le** Préfident de Rofambo, frère de celui - ci, a eu pour lot, au partage de la fucceffion de **M. DE VAUBAN**, les manufcrits qu'il a laiffés, & qui forment trente-cinq porte - feuilles, dont on pourroit compofer au moins quarante volumes in-8°. Le Public apprendra fans doute avec reconnoiffance que les archives où font dépofés ces Ouvrages précieux, font ouvertes, chez M. le Préfident de Rofambo, aux perfonnes qui ont befoin d'inftructions particulières pour l'Hiftoire de ce grand Homme.

Page 44. (19) **M. DE VAUBAN** avoit porté fi loin l'art de la défenfe, que le plus fouvent, devant les places les plus fortes, il ne perdoit pas plus de monde que les affiégés.

La confervation des hommes étoit fon but principal; non feulement l'intérêt de la guerre, mais auffi fon humanité naturelle les lui rendoit chers. Il leur facrifioit toujours l'éclat d'une conquête plus prompte & affez capable de féduire; &, ce qui eft encore plus difficile, quelquefois il réfiftoit, en leur faveur, à l'impatience des Généraux, & s'expofoit aux redoutables difcours du Courtifan oifif. (Les hommes font donc quelquefois comptés pour quelque chofe.) Auffi les foldats lui obéiffoient-ils avec un entier dévouement, moins animés encore par l'extrême confiance qu'ils avoient en fa capacité, que par la certitude & la reconnoiffance d'être ménagés autant qu'il étoit poffible. (Fonten. *Eloge de VAUBAN,* *p.* 261.)

(83)

Page 51. (20) L'Electeur Palatin, outré contre M. de Turenne des ravages qui avoient été commis dans fes Etats, le provoqua, par un cartel rempli d'injures, à un combat particulier. Le Maréchal lui répondit dans les termes les plus honnêtes & les plus modérés, en lui difant qu'il ne pouvoit accepter cet honneur fans la permiffion du Roi fon Maître ; mais qu'en attendant qu'il l'eût obtenue, il étoit prêt de décider le différend à la tête de l'armée des Alliés & de celle qu'il commandoit ; ce que l'Electeur ne jugea pas à propos d'accepter. (*Abrégé de l'Hiftoire de Louis XIV, p.* 119.)

Page 54. (21) *Extrait de la Dixme Royale de M. le Maréchal de* VAUBAN.

La Taille réelle, fondée fur les arpentages & fur les eftimations des héritages, eft bien moins fujette à corruption, il faut l'avouer ; mais elle n'en eft pas moins exempte, foit par le défaut des arpenteurs, foit par celui des eftimateurs, qui peuvent être corrompus, intéreffés ou ignorans, ou par le défaut du fyftême en fa fubftance, étant très-naturel d'eftimer un héritage ce qu'il vaut, & de le taxer à proportion de la valeur de fon revenu ; ce qui n'empêche pas que, dans les fuites, l'eftimation ne fe puiffe trouver défectueufe : c'eft ce que l'exemple fuivant rendra manifefte.

Un bon ménager pofsède un héritage dans lequel il fait toute la dépenfe néceffaire à une bonne culture ; cet héritage répond aux foins de fon maître, & rend à proportion. Si, dans ce temps-là, on renouvelle le tarif ou cadaftre du pays, l'héritage fera taxé fur le pied de fon revenu préfent ; mais fi, par les fuites,

F ij

cet héritage tombe entre les mains d'un mauvais ménager ou d'un homme ruiné , qui n'ait pas le moyen
d'y faire de la dépenſe, ou qu'il ſoit décrété, ou qu'il
tombe à des mineurs (comme il arrive ſouvent) , en
un mot, qu'il ſoit négligé par impuiſſance ou autrement, pour lors il déchoira de ſa bonté, & ne rap-
portera plus autant; auquel cas le propriétaire ne
manquera pas de ſe plaindre, & de dire que ſon champ
a été trop taxé, & il aura raiſon, par rapport au
revenu d'alors : ce qui n'empêche pas cependant que
les premiers eſtimateurs n'aient fait leur devoir. Qui
donc aura tort? Ce ſera ſûrement le ſyſtême qui eſt
défectueux , pour ne pas pouvoir ſoutenir à perpétuité
la juſteſſe de ſon eſtimation ; & c'eſt de ce défaut d'où
procède la plus grande partie des plaintes qui ſe font
dans les pays où la Taille eſt réelle, bien qu'il ne
ſoit pas poſſible qu'il ne s'y gliſſe d'autres défauts de
négligence, ou de propos délibéré, pour favoriſer quel-
qu'un.

Ailleurs, ſur le même ſujet (*ceci eſt écrit tout au
long de la main de M.* DE *VAUBAN*) : Il eſt ainſi
des répartitions qui ſe font par feux ou fouages, comme
en Bretagne , Provence, Dauphiné & la Généralité de
Montauban; où, quelque ſoin qu'on ait pris de les
bien égaler, la ſuite des temps les a dérangés & diſ-
proportionnés comme les autres.

Page 58. (22) *Dixme Royale, écrite en* 1700.

Que ceux qui ont douté que M. DE VAUBAN fût
Auteur de la Dixme Royale, ſe donnent la peine de
lire le paragraphe ſuivant, extrait du manuſcrit de

cet Ouvrage; & ils fe repentiront fans doute de l'au-
thenticité qu'ils ont donnée fi légèrement à l'erreur où
les a jetés une ignorance d'autant plus impardonnable,
que fi, comme je l'ai fait, ils s'étoient adreffés aux
defcendans de ce grand Homme, ils en auroient reçu
les inftructions auxquelles je dois l'hommage que je rends
ici à la vérité.

Je dis donc, de la meilleure foi du monde, que
ce n'a été ni l'envie de m'en faire accroire, ni de m'attirer de nouvelles confidérations, qui m'ont fait entre-
prendre cet Ouvrage. Je ne fuis ni lettré, ni homme
de Finance ; & j'aurois mauvaife grace de chercher de
la gloire & des avantages par des chofes qui ne font
pas de ma profeffion : mais je fuis François, très-affec-
tionné à ma Patrie, & très - reconnoiffant des graces
& des bontés avec lefquelles il a plu au Roi de me
diftinguer depuis fi long-temps ; reconnoiffance d'autant
mieux fondée, que c'eft à lui, après Dieu, que je
dois tout l'honneur que je me fuis acquis par les emplois dont il lui a plu m'honorer, & par les bienfaits
que j'ai tant de fois reçus de fa libéralité. C'eft donc
cet efprit de devoir & de reconnoiffance qui m'anime
& me donne une attention très-vive pour tout ce qui
peut avoir rapport à lui & au bien de fon Etat ; &
comme il y a déjà long-temps que je fuis en droit de
reffentir cette obligation, je puis dire qu'elle m'a donné
lieu de faire une infinité d'obfervations fur tout ce qui
pourroit contribuer à la fûreté de fon Royaume, à
l'augmentation de fa gloire, de fes revenus & du bonheur de fes Peuples, dont je n'ignore pas que le bien
ne lui foit très-cher, puifque plus ils en auront, moins
il fera en état d'en manquer.

F iij

Sentiment de M. DE VAUBAN sur la Dixme Royale.

En effet, l'établiffement de la Dixme Royale , impofée fur tous les fruits de la terre & fur tout ce qui fait du revenu aux hommes , me paroît le mieux proportionné de tous , parce que la Dixme fuit toujours fon héritage , & rend toujours à proportion de fa fertilité , & jamais plus ni moins.

(Plus loin.) C'eft la plus fimple & la moins incommode de toutes les impofitions ; parce que quand fon tarif fera une fois arrêté , il n'y aura qu'à le faire publier aux perfonnes des Paroiffes , & le faire afficher aux portes des Eglifes : chacun faura à quoi s'en tenir , fans qu'il puiffe avoir lieu de fe plaindre que fon voifin l'a trop chargé.

C'eft la manière de lever les deniers royaux la plus pacifique de toutes , & qui excite le moins de bruit & de haîne parmi les Peuples ; perfonne ne pouvant avoir lieu de fe plaindre de ce qu'il aura ou devra payer , parce qu'il fera toujours proportionné à fon revenu.

(Ailleurs.) La Dixme Royale me paroît enfin le feul moyen de procurer un vrai repos au Royaume , & celui qui peut le plus ajouter à la gloire du Roi , & augmenter avec plus de facilité fes revenus ; parce qu'il eft évident qu'à mefure qu'elle s'affermira , ils s'accroîtront de jour en jour , ainfi que ceux des Peuples : car l'un ne fauroit faire chemin fans l'autre.

Page 59. (23) Voici ce que VAUBAN penfoit des obligations de chaque Citoyen envers la Patrie. (*Dixme Royale , pag.* 119.) Les Tailles & les Aides , dans lefquelles je comprends les Douanes provinciales , étant ainfi converties en Dixmes du vingtième des fruits de la terre à percevoir en efpèces , il fe trouvera encore plus de la moitié du revenu des habitans du Royaume qui n'aura rien payé ; ce qui feroit faire une injuftice manifefte aux autres ; parce qu'étant tous également Sujets & fous la protection du Roi & de l'Etat , chacun d'eux a une obligation fpéciale de contribuer à fes befoins , à proportion de fon revenu ; ce qui eft le fondement de ce fyftême : car d'autant plus qu'une autre perfonne eft élevée au-deffus des autres par fa naiffance ou fa dignité , & qu'elle pofsède de grands biens , d'autant plus a-t-elle befoin de protection & intérêt que l'Etat fubfifte en honneur & autorité ; ce qui ne peut fe faire fans de grandes dépenfes. (M. DE VAUBAN n'exceptoit perfonne de la Dixme Royale.) La troifième partie de ce fonds doit être faite de la Dixme au vingtième de toutes les penfions, gages, dons , gratifications , & généralement de tout ce que le Roi paye à tous fes Sujets , de quelque rang , qualité & condition qu'ils foient : Eccléfiaftiques ou Laïques , Nobles ou Roturiers, tous ont la même obligation envers l'Etat & le Roi ; ainfi , tous doivent contribuer , & à proportion de toutes les fortes de biens qu'ils reçoivent , à fon entretien & à fa confervation , & particulièrement de celui-ci , *qui leur vient tout fait.*

Ainfi , cet article comprend les Princes du Sang & les Etrangers, les Ducs & Pairs & les grands Officiers de la Couronne , les Miniftres & Secrétaires d'Etat , les Intendans des Finances, les Gouverneurs & Lieutenans Généraux & Particuliers des Provinces , les Gou-

F iv

verneurs, Lieuteeans de Roi, d'Etat-Major des Villes
& des Places, les Confeillers d'Etat, Maîtres des Re-
quêtés, les Intendans ou Commiffaires départis dans
les Provinces, tous ceux qui compofent les Cours
fupérieures & fubalternes du Royaume, & généralement
tous les Officiers de longue & courte Robe, de Juftice,
Police & Finance, Nobles ou Roturiers, Grands ou
Petits, qui tirent gages ou appointemens du Roi,
penfion, ou quelques bienfaits; d'autant que tous doivent fe faire honneur & plaifir de contribuer aux befoins
de l'Etat, à fa confervation, à fon agrandiffement, &
à tout ce qui peut l'honorer & le fervir. (Nul n'en étoit
exempt.) Je compoferai la quatrième partie de ce fonds
des gages & appointemens de tous les *Serviteurs* qui
font dans le Royaume, à compter depuis les plus vils,
en remontant jufqu'aux Intendans & Capitaines des
Gardes du Roi, ceux des plus grandes Maifons, même
des Princes du Sang & des Enfans de France, lefquels,
ne fubfiftant que fous la protection de l'Etat, doivent,
comme leurs Maîtres, contribuer à fon entretien, ainfi
qu'il fe pratique dans les Etats voifins. (*En marge de
ceci, on trouve la note fuivante*): Il y a gens
qui ont de la répugnance pour cet article; mais, à
mon avis, mal à propos, parce qu'à proprement parler,
c'eft une des conditions du bas Peuple la plus heureufe,
parce qu'ils ne font jamais en foin de leur boire & man-
ger, non plus que de leurs habits, couchers & levers;
ce font les maîtres qui en font chargés pour eux : auffi
voit-on toujours plus de gaîté & de joie dans les valets
que dans les maîtres.

Page 63. (24) Notre Marine étoit bien différente
alors de ce qu'elle eft aujourd'hui. Voici ce qu'en dit

Voltaire. « La France , fous le miniftère de Richelieu, fe croyoit puiffante fur mer , parce que, d'environ foixante vaiffeaux ronds que l'on comptoit dans fes ports, elle pouvoit en mettre en mer environ trente, dont un feul portoit foixante & dix canons. Sous Mazarin , on acheta des Hollandois le peu de vaiffeaux que l'on avoit. On manquoit de Matelots, d'Officiers, de Manufactures pour la conftruction & pour l'équipement. Le Roi entreprit de réparer les ruines de la Marine , & de donner à la France tout ce qui lui manquoit avec une diligence incroyable. Mais en 1664 & 1665 , tandis que les Anglois & les Hollandois couvroient l'Océan de près de trois cents gros vaiffeaux de guerre , il n'en avoit encore que quinze ou feize du dernier rang , que le Duc de Beaufort occupoit contre les Pirates de Barbarie ; & lorfque les Etats Généraux prefsèrent Louis XIV de joindre fa flotte à la leur, il ne fe trouva dans le port de Breft qu'un feul brûlot, qu'on eut honte de faire partir , & qu'il fallut pourtant leur envoyer , fur leurs inftances réitérées. Ce fut une honte que Louis XIV s'empreffa bien vîte d'effacer.

Ce n'eft donc que fous Louis XIV que l'on commença à fentir la néceffité d'avoir une Marine refpectable. Mazarin, en ceci, porta fes regards plus loin que Richelieu. La Hollande & l'Angleterre , qui régnoient alors defpotiquement fur les mers , virent s'élever une troifième Puiffance maritime, dont elles prirent tellement ombrage , qu'elles fe réunirent pour la détruire. Mais la France , triomphant de leurs efforts, fe fit admettre au partage de l'Empire des mers, où deux Nations, amies & protectrices , en apparence, de la liberté, exerçoient une tyrannie odieufe , &

rendit libre enfin un élément auquel tous les hommes ont droit, du moment qu'ils ofent en braver les dangers ».

Page 64. (25) Jeunes Guerriers, écoutez la belle leçon que VAUBAN vous donne, & profitez-en.

La guerre ne doit point exclure fes Officiers de la connoiffance des Belles-Lettres ; au contraire, je ne vois guère de profeffion où elles foient plus néceffaires que dans celle des armes. L'homme de guerre, qui ne connoît que fon épée, n'eft pas capable de grandes chofes ; & telles gens ont ordinairement peu de fortune, & le peu qu'ils en ont eft très-borné. Il ne tiendra cependant qu'à eux d'étudier & de fe rendre habiles dans les fciences qui peuvent convenir à leur profeffion, fi, au lieu de s'occuper du jeu, du vin, & des femmes, qui leur font perdre un temps infini, & en ruinent la plus grande partie, ils vouloient bien y donner l'application néceffaire ; car il feroit très-à fouhaiter qu'il fe trouvât des Savans de toutes profeffions dans les armées, pour n'être pas obligé d'avoir recours à gens de Robe pour diriger les affaires de la guerre, rien ne ravalant tant les troupes que de les affujettir à gens de Robe pour diriger les affaires de la guerre, rien ne ravalant tant les troupes, que de les affujettir à gens qui, n'étant pas de leur profeffion, leur font nouveaux & toujours étrangers, dont ils ne s'accommodent qu'avec peine, foit qu'ils les confidèrent comme des intrus qui leur enlèvent des emplois qui devroient leur appartenir, ou qu'il y ait une efpèce d'antipathie entre la Robe & l'Epée, qui fait que les uns ne s'accommodent point avec les autres, il eft certain que naturellement ils ne s'eftiment pas beaucoup, & s'aiment encore moins.

Or si l'homme de guerre, qui doit avoir senti le poids d'un mousquet & de ses accompagnemens pendant un espace de temps considérable, pouvoit joindre le savoir d'un Homme de Lettres à celui de l'Homme d'Epée, ou se rendre capable de pouvoir bien administrer les charges de Commissaire, d'Intendant d'armée, Directeur des Hôpitaux, d'Envoyé chez les Princes Etrangers, pour négocier un cartel, quelque traité de neutralité, échange de prisonniers, diriger une capitulation, conduire la négociatiou d'une trève, ou les préliminaires d'une paix, il y a beaucoup d'apparence qu'ils s'en acquitteroient mieux que ceux qui n'ont aucune connoissance de la guerre, ni de ce qui peut y avoir rapport. (*p.* 444 *du VII*^e *volume des Oisivetés.*)

Page 68. (26) On connoît de M. DE VAUBAN un projet de Vingtième ou de la Taille réelle, *in-fol.* I, & un autre pour l'établissement d'une Taille réelle géométrique, qui, en produisant un reveuu très-considérable au Roi, supprimeroit la Taille personnelle & autres impositions, *in-fol.* I.

Un autre, de conversion de Tailles, des Aides, des Douanes Provinciales en Dixmes Royales équivalentes, *in-fol.* I.

Un autre, de conversion de la Taille, des Aides, des Douanes Provinciales en une Dixme Royale équivalente, *in-fol.* I.

Une Dissertation sur la Dixme, *in-*4°.

Il a laissé de plus des Ouvrages manuscrits sur les Monnoies, le commerce, les Compagnies de Commerce, les passe-ports, la valeur des blés, les dépenses de l'Etat, les revenus du Roi, les économies royales, les finances, la recette générale des finances

de Bretagne , les Fermes du Roi & leurs revenus, celui
des Archevêchés & Evêchés de France, & des Bénéfices
dépendans du Roi. — Il a laissé un état des revenus des
grands Prieurés & Commanderies de Saint-Lazare ; un
état des affaires extraordinaires, des réflexions fur la
Taille , la Capitation , la Taille divisée par Généralité ;
un état du produit des entrées de Paris. Il a écrit fur
les impofitions, les droits d'Aides , les Gabelles, les
emprunts, fur le crédit, fur les fiefs.

On aura une idée plus jufte encore de la fécondité
du génie de VAUBAN , du travail extraordinaire auquel
il s'eft livré, de la facilité avec laquelle il faififfoit
& fe rendoit propres les matières les plus étrangères à
la profeffion des armes , lorfqu'on faura qu'il a compofé
des Mémoires fur l'Hiftoire en général & la Géogra-
phie , fur le dénombrement des Peuples & l'accroiffe-
ment des hommes avant & après le Déluge ; fur l'Hiftoire Eccléfiaftique, fur l'Hiftoire des Etats de l'Europe en général ; fur la France & fa fuperficie ; qu'il
a laiffé des Mémoires hiftoriques fur les Provinces &
les villes de France , un dénombrement des familles
du Royaume , un Traité de Commerce de la France en
général ; de celui des différentes villes en particulier ;
qu'il a écrit fur les chemins, le ban, l'arrière - ban ,
les Cours Souveraines du Royaume, l'Amérique, les
Colonies, les Affaires du Canada , le Commerce des
Echelles du Levant, les haras, les bois, Eaux & Forêts, la
pêche , la tourbe , le deffechement des marais, l'ar-
rofement des prés , les mines de charbon, d'ardoife,
les travaux des houilles & autres minéraux, la Mé-
decine.

Il a laiffé de plus des Ouvrages manufcrits fur les

(93)

Mathématiques, la Géométrie, la Trigonométrie, l'Architecture Militaire, ou fortifications en général, l'attaque des places, la défenfe des places, les places de guerre, le Gouvernement des citadelles & du fervice dans les places; fur les camps en général, les camps & tranchées, la fortification de campagne, autrement des camps retranchés, les camps fortifiés, les fiéges, l'artillerie en général, les mortiers, les bombes, les moyens de fe préferver de leurs effets; la fonte, l'épreuve & les affûts des canons, des mouvemens de l'artillerie, la fabrique des armes à feu, leur ufage, les munitions de guerre & de bouche, l'art militaire en général, les troupes, ce qu'il faut obferver pour en faire d'excellentes, le moyen de les attirer de l'étranger, & de les conferver ; les levées des troupes, les milices & enrôlemens, le maintien & la difcipline des Régi-mens; ce qu'ils coûtent par an au Roi ; la défertion, la Cavalerie, l'Infanterie, les Invalides, leur Hofpice, la Marine, la conftruction des vaiffeaux, le pilotage, les galères, la conftruction des différens petits bâti-mens qui naviguent en mer, les armées navales, des projets de Marine, les coutumes de la mer, les mate-lots, les fignaux, les armemens en courfe, les prifes, &c., &c., &c.

Page 70. (27) La fucceffion d'Efpagne ayant fait renaître la guerre, il fe rendit à Namur au commen-cement de l'année 1703 ; & il y commandoit des répa-rations néceffaires, lorfqu'il apprit que le Roi l'avoit honoré du bâton de Maréchal de France. Il s'étoit op-pofé quelque temps lui-même à cette fuprême élévation que le Roi lui avoit annoncée. Il avoit repréfenté qu'elle empêcheroit qu'on ne l'employât avec des Gé-

(94)

néraux du même rang , & feroit naître des embarras con-
traires au bien du fervice. Le titre de Maréchal de France
produifit les inconvéniens qu'il avoit prévus ; il demeura
deux ans inutile. Je l'ai entendu fouvent s'en plaindre ;
il proteftoit que , pour l'intérêt de l'État & le bien
du Roi , il auroit avec joie foulé aux pieds cette dignité.
(Fonten. *Eloge DE VAUBAN* , p. 273.)

Page 71. (28) M. de la Feuillade , encore Lieutenant
Général , étant chargé du fiége de Turin , M. DE VAU-
BAN , quoiqu'alors Maréchal de France , offrit de l'ac-
compagner pour l'aider de fes confeils : mais M. de la
Feuillade répondit fierement qu'il prendroit Turin à la
Cohorn. On fait quelle fut l'iffue de ce malheureux
fiége , qui fut levé honteufement , avec une perte incroyable d'équipages. Le Roi , qui , avant l'entreprife ,
défiroit que M. de la Feuillade en eût toute la gloire,
avoit repréfenté à M. DE VAUBAN que fa dignité feroit
compromife , fi fa demande lui étoit accordée. « Sire ,
» répondit M. DE VAUBAN , ma dignité eft de fervir
» l'Etat ; je laifferai le bâton de Maréchal à la porte ,
» & j'aiderai peut-être M. de la Feuillade à entrer dans
» la ville ». (*Cette note eft tirée de l'Ouvrage de M. de*
Curnot , couronné par l'Académie de Dijon en 1784.)

Page 72. (29) Il mourut le 30 mars 1707 , d'une
fluxion de poitrine , accompagnée d'une groffe fièvre ,
qui l'emporta en huit jours , quoiqu'il fût d'un tempé-
rament très-robufte , & qui fembloit lui promettre encore
plufieurs années de vie. Il avoit 74 ans moins un mois.

Il avoit époufé Jeanne d'Aunoy , de la famille des
Barons d'Efpiri , morte avant lui. Il en a laiffé deux
filles , Madame la Comteffe de Wille-Bertin , & Madame la Marquife d'Uffée.

L'aînée époufa le Marquis de Mefgrigny d'Aunay ; celui-ci eut pour fils le Comte d'Aunay , Lieutenant Général des armées du Roi , père de Marie-Claire-Aimée de Mefgrigny d'Aunay , qui époufa, en 1737 , Louis le Pelletier de Rofambo , Préfident du Parlement. De ce mariage font iffus Louis le Pelletier de Rofambo , Préfident du Parlement , qui a époufé Antoinette-Marguerite-Thérèfe de la Moignon de Malesheibes , fille de M. de Malesheibes , Miniftre d'Etat, & Charles-Louis-David le Pelletier de Rofambo , Comte d'Aunay , Chevalier honoraire de l'Ordre de Jérufalem , Chevalier de l'Ordre Royal & Miiitaire de Saint-Louis , Meftre de Camp , Commandant-Infpecteur du Régiment du Colonel Général Cavalerie. Il s'eft marié, en 1772 , à Louife-Elifabeth Flavie du Cheftenet de Puyfégur , petite-fille du Maréchal de France de ce nom.

La feconde fille de M. le Maréchal de Vauban avoit époufé le Marquis d'Uffée. Il ne refte point de poftérité de cette alliance.

Le Comte d'Aunay , grand-pere de M. le Pelletier, a légué , par fon teftament , à l'aîné de fes petits enfans , les manufcrits de M. le Maréchal de Vauban , leur trifaïeul maternel , dont ils font aujourd'hui les feuls repréfentans en ligne directe.

Le nom de M. de VAUBAN revit aujourd'hui dans la perfonne de M. le Comte de Vauban , Colonel du Régiment d'Orléans , arrière petit-neveu de ce grand Homme.

Voilà , en abrégé , fa vie militaire. Il a fait travailler à trois cents places anciennes , & en a fait trente-trois neuves. Il a conduit cinquante-trois fiéges, dont trente fous les ordres du Roi, ou de M. le Dauphin. Il s'eſt trouvé à cent quarante actions de viguenr & d'éclat. (Fonten. *Eloge DE VAUBAN.*, p. 276.)

Page 73. (30) Le plus bel éloge qu'on puiſſe faire de cet homme extraordinaire, c'eſt de dire qu'après avoir été comblé, pendant ſa vie, des bienfaits de ſon Roi, il n'a laiſſé, en mourant, qu'une fortune médiocre.

F I N.